我的履历书

[日]永井隆 著
方若楠 译

前田仁传

Maeda Hitoshi

人民东方出版传媒
东方出版社
The Oriental Press

作者简介

永井隆

记者

1958年出生于群马县桐生市。毕业于明治大学,曾任日刊《东京时报》的记者。1992年成立独立工作室,此后围绕啤酒与汽车行业的企业活动、企业与人的关系、人事制度等主题,在新闻、杂志以及网络媒体等渠道发表见解。从任《东京时报》记者时期算起,已对啤酒行业持续取材超30年。主要作品有《三得利对麒麟》《朝日啤酒30年逆袭之路》《啤酒的15年战争》《啤酒最终战争》《EV战争》《打造极致美味的精酿啤酒:麒麟啤酒"异端儿"们的挑战》《移民解禁》《记录那些不败的上班族们》等。

写在前面的话

《我的履历书》是日本最大财经报纸《日本经济新闻》的知名连载专栏,于1956年开设,邀请日本各界及全球的精英亲笔撰写人生经历,每月一人。执笔者中有松下幸之助、本田宗一郎、稻盛和夫,也有英特尔、GE、IBM等企业的经营者。它曾被《读卖新闻》誉为"时代的见证人"。

其中部分《我的履历书》已被编成图书在日本出版,我们从中精选具有代表性的经营者的自传介绍给中国读者。这些经营者都曾面临生存或发展的困境,然而他们都能秉持正念,心怀为人类社会奉献的大义,以顺势而为和热爱思考的态度成就美好人生……

更重要的是,他们深受东方哲学和中国传统文化的影响,一生都在追求正确的为人之道,追求做人应有的姿态,坚持利他的美好心灵,坚持正确的活法和思维方式。这些追求和坚守与中国读者有着文化上的共鸣和"山川异域,风月同天"的内在联系。

实际上,不管时代如何变化,技术如何发达,古今中外的真理都是相通的,追求"作为人,何谓正确"更是一个历久弥新的人生课题。诚如稻盛和夫在其自传中所说:"决定人生的并非好运或厄运,而是我们心灵的状态……对于那些正在认真思考自己人生的人,或者正在认真学习工作和经营精髓的人,我的经验或许可以提供参考。"如果读者能够通过阅读这套自传丛书获得一些启示,借鉴一些经验,我们的出版目的也就实现了。

东方出版社编辑部

前　言

提起麒麟啤酒（KIRIN），您会想到哪些品牌呢？或许很多人脑海中会首先浮现出"一番榨"啤酒。其实啤酒"一番榨"和"心地（Heartland）"，发泡酒"淡丽"和"淡丽绿标（淡丽 Green Label）"，第三类啤酒"喉越"和罐装 Chu-Hi①预调酒"冰结"……它们的缔造者实际上都是同一个人。他就是前田仁！

从底层干起，当过中层领导，而后又成为团队领袖的前田勇于挑战，不断开发新产品。像他这样让一个又一个热卖产品横空出世的营销员，在麒麟公司甚至是整个啤酒业界都找不出第二个。

为什么只有前田能够打造出这么多的爆款商品呢？这正是促使笔者撰写这本"无人可及的爆款制造者前田仁"传的原因之一。

对前田进行采访后，令人意外的往事接连浮上水面。

---

① 译者注：日文全称为"燒酎ハイボール"，指在日本烧酒中兑苏打水等调成的预调鸡尾酒。

其实，前田打造心地啤酒（1986年上市）是为了将占据公司绝对主营地位的商品——"麒麟拉格"啤酒拉下神坛。为了配合心地啤酒上市，他甚至还修建了"心地啤酒馆"。该大型啤酒馆如今位于六本木，已成为前卫艺术的文化据点。

20世纪80年代中期以前，麒麟占据着超过60%的啤酒市场份额，其销售额的绝大部分都来自"麒麟拉格"啤酒。既如此，前田为什么要摧毁这棵业内龙头企业的"摇钱树"呢？当时前田有他的考量，答案将在文中揭晓。

前田1973年入职麒麟公司，从销售做起，一步步进入了负责新产品开发的市场部。继心地之后，他又一手打造了麒麟在日本战后最热销的产品"一番榨"。可本该青云直上的他突然遭降职，被迫雌伏七年半。而后，为应对发展迅猛的竞争对手朝日啤酒，他成为麒麟最年轻的部长强势回归，连续推出了多个爆款产品。

作为餐饮行业鼎鼎大名的市场营销员，在同行眼中前田也极富个人魅力。但他本人不仅常把功劳让给下属，也不爱接受媒体采访，是一个外行少有人知的人物。

前田总是将"顾客"一词挂在嘴边，他虽是市场营销员，却从不使用消费者、用户、客户等称呼。对他而言，最大的目标并不是批发商或零售商等业务往来方，而是一个又一个普通顾客。

他打造产品不追求美感，也不追逐独一无二，而是始终追寻着顾客的需要。有时他打造"令人爱不释手"的商品，但更多时候还是致力于研发"顾客觉得必须买"的商品。

不抱私欲，好施于人，且不求回报。即便成名之后地位大有不同，前田身上廉洁高尚的品德也从未褪色。

其实，身处权谋术数之道横行的大企业之中，有"爆款制造人"的名声在前，又有遇事必抒己见的性格在后，前田注定会受人疏远。遭人非难亦是家常便饭。企业凡事好求稳，更会"枪打出头鸟"。但即便如此，他也从未试图反击，而是默默接受了一切。

到 20 世纪 80 年代中期为止，麒麟一直自傲于自己是占据了六成啤酒市场份额的龙头企业，啤酒业界还因此有了"格列佛和三个小人"等揶揄之言。麒麟当年的强盛之态，与泡沫经济崩溃前在世界上存在感大增的日本之姿，多少有些相同之处。

但对麒麟而言，持续时间过长的压倒性胜利，反倒酿成了企业内部的致命弱点。它不必挑战新事物，也不必努力，就能轻松赢得市场竞争。表面上看麒麟的市场占有率依旧居高且财务情况稳定如常，可从内部来看，对一个企业而言最为重要的"活力"早已在不知不觉中丧失殆尽。

前辈们创立的体制和品牌的根基都被抛诸脑后，公司骄傲自满，故步自封，每天只是机械地重复着前一天的工作，对变化充满抗拒。挤满公司总部的名牌大学毕业生思维高度雷同，所以新的构想越来越难以产生。一线员工"两耳不闻窗外事"，只沉浸在半径两米内的个人世界里。"顾客至上"和"创造新价值"的意识在他们身上无处可寻。

由于长期沉浸在这种松懈的状态之中，待竞争对手在泡沫经济时期创造出热卖产品之时，麒麟公司便开始走下坡路，跌到了业界第二。但通过实施一系列以前田打造的"一番榨"啤酒为中心的营销战略，时隔20年，麒麟啤酒再一次回到了业界第一的宝座。

这个从不动摇的男人究竟在和什么战斗，又在追求些什么，如何不断创造出热销神话？让我们深入这家巨无霸企业的内部，一同抽丝剥茧，寻找问题答案。

另外，对本书中的各位出场人物皆省去了敬称，在此先表歉意。

2020年4月

永井隆

目　录

第一章　秘密谋划，打倒"拉格"

没有商标的啤酒 …………………………… 003

名为"拉格"的圣域 ………………………… 006

透过现象看本质 …………………………… 008

"大爷"心态做买卖 ………………………… 010

大众即无趣 ………………………………… 014

五条时代原理 ……………………………… 016

"心地"背后的理念 ………………………… 019

脚踏两只船 ………………………………… 021

一场豪赌 …………………………………… 024

求变不止 …………………………………… 027

第二章　伟大的助跑

船场之子 …………………………………… 033

经历曲折的少年 ······ 036
人才济济 ······ 039
确诊癌症 ······ 042
遭遇连败 ······ 044
桑原学校 ······ 047
破除既定概念 ······ 050

第三章 来自"超爽"的冲击

"地毯式推销"的销售部队 ······ 057
被置之不理的报告 ······ 062
住友银行的来客 ······ 066
果敢决断的领袖 ······ 070
与鲁莽仅一线之隔的大胆投资 ······ 073
干啤战争白热化 ······ 078
被嫌弃的麒麟 ······ 080
魑魅魍魉的万魔窟 ······ 082

第四章 "一番榨"啤酒诞生之日

直言不讳 ······ 089
潮男加入 ······ 093

"拉斯普京"来袭	095
成为销量常青树的条件	099
啤酒的纯度	102
干啤 vs 德式啤酒	106
一滴麦芽一滴血	108
直诉天皇	112
拂晓会议	117
"实验"的伪装	120
六年败北	125
"拉党之人"事件	129
突遭降职	134

第五章　跌落神坛

场外乱斗	139
"天皇"辞任	141
本心流露之夜	148
朝日的陷阱	151
拉格 vs 一番榨	155
生啤化的失败	158
生啤的真面目	161
高度同质化的企业	163

麒麟的暗黑时代 ·················· 167

第六章　天才回归

"破坏价格"的冲击 ·················· 175
发泡酒登场 ·················· 182
成为总公司最年轻的部长 ·················· 186
"发泡酒是假货" ·················· 190
"淡丽"拥有的新价值 ·················· 194
最高纪录 ·················· 197

第七章　本垒打专业户的嗅觉

恐怖的上司 ·················· 203
热销预感 ·················· 206
任性的商品开发 ·················· 210
直球还是曲线球 ·················· 213
"便宜卖"大战 ·················· 217
悲壮的胜利 ·················· 220
"淡丽绿标"热卖的理由 ·················· 223

第八章　由异而生的"冰结"

子公司的那个男人 ·················· 229
去做第一个吃螃蟹的人 ·············· 232
大叔的酒 ························ 235
打倒三得利 ······················ 238
罐装"Chu-Hi"的革命儿 ············· 240
灭之不如用之 ···················· 243
做事做到底的领导 ················· 246
"微妙甜味"的秘密 ················· 249
更名即改命 ······················ 252
前田撒下的种子 ··················· 257
部下的严重失态 ··················· 260
理想的上司 ······················ 264
在市场营销中最重要的事 ············· 269
故意露拙 ························ 271

第九章　往日辉煌不可沉醉

扎根一线 ························ 277
好施于人 ························ 280

改变业界规则的极生啤酒 …………………… 283
有困难的时候就去找前田 …………………… 287
梦一般的三得利并购计划 …………………… 291
告别麒麟 …………………………………… 297
夺回第一 …………………………………… 301

后　记 ……………………………………… 306

第一章 秘密谋划,打倒『拉格』

没有商标的啤酒

让我们回到1986年,泡沫经济时代揭开帷幕之时。恰如一阵新风,一种名为"心地"的啤酒在这一年上市。这种100%麦芽酿造的啤酒,装在鲜艳的绿色玻璃瓶里(每瓶500毫升),令人过目难忘。虽然大型超市精酿啤酒区的货架上必有它一席之地,但在便利店里却难得一见,也甚少有人知道它其实是麒麟公司旗下的产品,故而称得上是一种小众啤酒。它的瓶身上没有商标,只用浮雕加以装饰,连麒麟公司"KIRIN"的经典标识也没有。

它的瓶身形状由吉村礼次郎设计,据说其原型是纽约近海沉船中发现的古董玻璃瓶。瓶身上的大树花纹浮雕,则是美国画家拉杰·纳尔逊(Rajah Nelson)以美国伊利诺伊州肥沃田野上的风景为蓝本创作的。

心地啤酒一经研发,便在日本朝日电视台的一档美食综艺节目《爱川钦也的探险餐厅》中使用。实际上,这档节目的赞助商只有麒麟公司一家。且因这款啤酒只供给节目使用,只有在朝日电视台宿舍旧址里的餐馆"饭否楼"

才能一品其风味。之后，心地啤酒开始在麒麟公司下属的直营店售卖。

这家直营店就是于1986年10月开业的"心地啤酒馆"。原址在一处"二次开发预备用地"上，现址则位于六本木之丘。据说心地啤酒出现在综艺节目中只不过是产品宣传的计策，心地啤酒馆才是开发这款啤酒的真正初衷。自然，它也不是一家普普通通的啤酒馆。

啤酒馆的建筑大有来头。建筑整体主要由两部分构成，一部分是一家威士忌蒸馏有限公司①（Nikka Whisky）过去的原酒储藏库，通常被称作"地窖"。另一部分是开日本律师之先河的增岛六一郎的旧宅：一栋由德国人设计的满是爬山虎的四层小洋楼"地锦馆"。建筑于1986年8月开始改建，同年10月20日，地窖被改为酒吧样式先开张营业。11月7日地锦馆跟着开张，由此啤酒馆完整开业。啤酒馆店面极大，共有196个座位，其中地窖里有54个，地锦馆中则有142个。

心地啤酒开发项目的负责人正是前田仁，当时他就职于麒麟市场部，是心地啤酒馆的首任店长。市场部的前田，为什么会成为啤酒馆的店长？这是因为发掘消费者的需求

---

① 译者注：日本具有悠久历史的老牌威士忌制造商。

同样也是心地啤酒馆经营的目标。正是依靠在啤酒馆经营中学到的知识,前田才能在之后开发出一个又一个爆卖产品,被人称为"市场营销的天才"。

名为"拉格"的圣域

麒麟在当年,是啤酒业界毋庸置疑的"老大"。从1972年到心地啤酒发售前一年的1985年,麒麟的市场占有率基本年年都在60%以上,1976年更是达到了63.8%。即便是在心地啤酒发售当年(1986年)也有59.9%,大体一直维持在60%上下。这14年间麒麟在业界压倒性的强势地位足以令其自傲,公司之名"麒麟"二字也由此打响。公司的象征——圣兽麒麟图案亦成为具有压倒性竞争力的标志,对手朝日啤酒、札幌啤酒和三得利都难以望其项背。以占据销售量大半的"拉格(Lager)"啤酒为首,凡是麒麟的啤酒,其包装上都会醒目地印着"KIRIN"标识和圣兽麒麟的图案。

其实当时的麒麟公司,已经到了销售额涨无可涨的地步。1973年后更是面临着因违反日本独占禁止法而被强行拆分的风险。但心地啤酒不打上麒麟的标志并非顾忌"有垄断市场之嫌"。至于真正的理由,一位麒麟内部人士说道:"研发心地的真正目的,是彻底击垮公司当时的主打产品拉格。这个秘密计划,在公司内部也只有少数几个人知道。"

对当时的麒麟来说,拉格已然成了一片"圣域",从某种意义上来说,它就像神一样被崇拜。在那个年代,说到啤酒人们必买拉格,甚至有大型企业员工宣称"啤酒非拉格不喝"。

麒麟如此强盛,在于其专注开发面向一般家庭的啤酒。啤酒在日本原本是一种高级酒。因为税高且最好冷藏后再饮用,之前,人们只有在饭馆和咖啡店才能喝到啤酒。

1956年,日本在经济白皮书中宣言"现在已经不是战后了",宣告经济已经从战后萧条中恢复。但朝日啤酒和札幌啤酒还沉浸在过去大日本麦酒公司靠商用啤酒叱咤市场的"成功体验"里,迟迟难以从战后阶段恢复。

麒麟因为在商用啤酒上销路不畅,便将宝全押在了面向普通家庭的啤酒上。随着日本经济进入高速增长期(1955—1973年),冰箱开始普及,人们在家也能喝到冰镇啤酒。日本每家每户的啤酒消费量由此激增。借这股东风,麒麟所占市场份额急速上升。进入20世纪70年代后,日本家家户户基本都有冰箱,而麒麟的市场份额也超过了60%。这次市场份额急速突破60%的经历,对麒麟来说也未尝不是一次"成功体验"。

透过现象看本质

时间来到心地啤酒刚开售的 1983 年 9 月。当时，麒麟市场部的部长是桑原通德。1953 年入职麒麟啤酒的桑原，最早在大阪分公司接触销售工作。1979 年升为神户分店的店长，之后又在 1983 年升任总公司市场部部长。

2015 年成为麒麟啤酒社长，2021 年 9 月去世的布施孝之就曾是桑原的下属。他 1982 年入职麒麟后就被分在神户分店。对着当时还是新人的布施，桑原曾这样说："你就做你想做的就好，但一定要去看事物的本质。"

桑原有着不囿于大众论调，透彻看出事物本质的能力。这一点，让他精准地看到了麒麟这家企业在未来将何去何从。据布施说，他被分到神户分店的第一天，桑原说过如下的话。

麒麟再这样下去就危险了。靠既得利益的保护，它才能占有六成市场份额。总有一天，酒类销售许可证的门槛儿会放开，在超市就能买到啤酒的时代会到来。那时力量壮大的将是分销链上的大企业，过去定价销售的方式也会行不通。一直以来麒麟都靠专门卖酒的酒铺进行贩卖，但今后送到那里的商品将不断减少，啤酒的包装也要从瓶装变成罐装。我不觉得目前还沉浸在成功体验里的麒麟，能够应付得了这种大变化。

　　桑原所言，给布施带来了很大的冲击。麒麟有着常年居高的市场占有率，是和丰田汽车、松下电器（现为Panasonic）一样稳定的大企业。布施也正是看重这一点，才决定要入职麒麟啤酒。但历史之后的走向，都让桑原说中了。从那时起，布施就下了强烈的决心，要成为和桑原一样能够精准预见未来动向的人。

"大爷"心态做买卖

市场占有率上的压倒性优势，使得麒麟啤酒在生意上也不知不觉当起了"大爷"。当时无论哪家酒铺都得靠麒麟拉格啤酒招徕生意。故而批发商遇上麒麟的销售员一向都是奉上好茶或咖啡招待着，低声下气地恳求他们："一箱也行，还请您多给些拉格啤酒。"

结果，比起四处推销产品，考虑给哪家批发商多少货这种所谓的"供货调整"和"通知传达"已经定好的供货量反而成了当时麒麟销售员的主要工作。但正是依靠全国各地的酒铺，麒麟才能获得压倒性的市场份额。在那个年代，只有酒铺里能买到酒类产品，并且以麒麟为首的四大啤酒公司的啤酒，在哪家酒铺都是相同售价。酒铺负责把啤酒送货上门，这在当时也十分常见。漫画《海螺小姐》中就有酒铺三河屋的伙计三郎开着小卡车，把装有满满20瓶啤酒的啤酒箱送到客人家的画面。当时酒铺送的啤酒也基本上是麒麟拉格啤酒。

可不久之后，酒类产品的流通贩卖方式就发生了翻天覆地的变化。正如桑原所预想，进入20世纪90年代后酒类销售许可证的申请门槛儿便开始逐步降低，到2003年实际上就已彻底放开。在超市和便利店随手就能买到酒的时代到来了，过去酒铺送酒上门的画面在日本也基本上成为历史。

酒铺的数量更是随之锐减。在20世纪80年代日本全国有约15万家酒铺，到了2018年只剩下37086家。而且其中大半都不面向普通家庭售卖啤酒，而是主要向餐饮店供货，成了商用啤酒批发店。之前面向普通家庭零售啤酒的酒铺，要么转型成了便利店，要么就因为后继无人而接连歇业了。

这种流通贩卖方式上发生的大变革，也给麒麟的"胜利公式"带来了很大的变数。过去，麒麟拉格啤酒人气极高，只要卖给下面的批发商自然就能赢利。但现在麒麟想卖出啤酒，就必须得先向分销链上的大公司推销一番才行。过去那种"供货调整"和"通知传达"的销售方式，显然行不通了。

桑原预见到了这一变化，从中看出麒麟啤酒的黄金时代不久便将落幕，预测艰难时代不久即将来临。为了做好应对难关的准备，就任麒麟市场部部长的桑原认为必须研发能给麒麟开拓出新未来的产品，让公司逐步转型。

麒麟在一片繁荣的表象中不知不觉迎来了危急存亡之

秋。过去长期顺风顺水的发展，使得公司上下不思变革。世界终会变化，若跟不上变化，销售额迟早会下跌。即便这个道理人人明白，但想让公司上下都做出改变仍是一件难事。如果推进企业改革，哪怕只是短期内业绩有所下滑，都会立刻有人要求改革者为此负责。公司内部的"主流派"们最不乐意看到企业权力构造出现变化。

即便如此，桑原和前田仍旧为改变麒麟开展了行动。这一行动，正是心地啤酒开发计划。"前田打心里尊敬着桑原。"前田仁的妻子泰子证言。除了她，多位麒麟相关人士也有相同的证词。前田的后辈真柳亮就说："桑原先生看到了前田先生的才能并委以重任，还告诉前田先生说责任他来负，让前田先生放开手脚去做。正是因为有桑原先生在，'心地啤酒开发计划'这种进攻性很强的计划才能通过。"

真柳亮比前田晚6年（1979年）入职麒麟公司，入职后也被分到神户分店，在分店长桑原的领导下发挥出了自己的销售天赋，被人称作"传说中的销售员"。1985年他被调任为总公司事业开发部探索官，之后又作为大客户营销促进部（通称"麒麟特殊部队"）的第一代部长，带领公司精锐拿下了餐饮连锁巨头等大客户。他凭借这些实打实的成绩，后来还成了麒麟负责市场营销的子公司——麒麟销售的副社长。

真柳在1985年第一次见到前田仁，后来也成了前田的左膀右臂。当时真柳虽被调任总公司且有着探索官一职，但实际上每天无所事事。他没有被分派任务，便只能每日四处转悠，尽力寻找可以发展的新客户。

大众即无趣

20世纪80年代，人们的价值观急速多样化。虽然有些偏离主题，但想先浅谈一下汽车公司斯巴鲁（SUBARU）的销售战略。斯巴鲁公司在日本国内市场占有率约为3%，其在美国的数据也基本相同，从全世界来看市场占有率仅有1%，算得上是一家小规模的汽车企业，但它因为拥有众多被称为"斯巴鲁分子"的狂热粉丝而相当出名。

斯巴鲁最突出的特点是其掌握的独特技术。无论是已成为斯巴鲁汽车标配水平的对置发动机，还是其领先业界的Eyesight驾驶辅助系统，斯巴鲁一直走在一条独一无二的道路上。在市场营销方面，亦是如此。斯巴鲁采用了一种名为"田野志"的定性调查法。所谓人种志，是指从深入调查对象群体内部进行观察，发掘其内心想法（主导消费行为的核心心理）的调查方法，可以说与发放消费者问卷这种定量调查法截然相反。

从2010年到新款力狮汽车发布的2014年，据说在这5年间斯巴鲁的一位技术干部一直在实地走访美国一般家庭，调查斯巴鲁汽车的使用情况并收集真实的使用评价。为了调查结果真实有效，该技术干部进行调查时还会特意隐瞒自己斯巴鲁公司员工的身份。

最终调查结果显示，斯巴鲁汽车的支持者大多是律师等富人群体或艺人明星。此后，以力狮为首，斯巴鲁开始只向"一部分核心车粉"发售新车。与之相对，丰田汽车公司的凯美瑞、本田的雅阁、现代的索纳塔以及福特的蒙迪欧等车型瞄准的都是大众群体。只是，满足了大众的口味也就等于失去了"核心粉丝"的支持。斯巴鲁的掌舵人始终认为："大众都喜欢，也就意味着失去个性，落于平庸。"

心地啤酒正和斯巴鲁汽车有着一样的至高使命，即收获一批"核心粉丝"。当时，麒麟啤酒在日本国内占有超过六成的市场份额，如果继续扩大占有率，就有违反日本独占禁止法的风险。因此，与其思考增加"量"，不如瞄准如何提升"质"。

总之，在每家公司都把增加销售额当成最高目标的那个时期，心地啤酒的销售战略是相当独树一帜的。或许是偶然，前田晚年似乎恰好买的也是斯巴鲁车，原因是他认为"也就斯巴鲁的车还有点意思。"

五条时代原理

麒麟啤酒在20世纪80年代上半叶发售的新商品并不只有心地啤酒一个。1980年发售了业界首个低度数啤酒"麒麟淡啤"（酒精度数只有3.5%，且热量只有一般啤酒的70%），1981年又发售了麒麟啤酒史上第一款生啤（仅提供商用包装），1983年发售了罐装生啤"麒麟罐生"。但是，公司生产量几乎全被麒麟拉格啤酒占据的情况并未改变。

给麒麟啤酒在市场占有率上带来压倒性优势的是麒麟拉格啤酒，因此，无论新产品有多受人期待，在市场营销上也得不到多少投入。当时就职于麒麟啤酒市场部的太田惠理子说："当时，人们都管麒麟拉格啤酒叫麒麟啤酒。"

制造商的名字就等于商品品名的思想在当时很普遍。在那个时代，如果人们要买麒麟拉格啤酒，到酒铺买酒时只需要说"给我来几瓶麒麟啤酒"就行。但如果说"来几瓶啤酒"，酒铺反倒要挑出麒麟拉格啤酒、札幌黑标啤酒等几种合适的啤酒给客人搭配着买。因为那时除了高级啤酒"惠比寿",所有的啤酒价格都一样,所以这种卖法倒也不成问题。

心地啤酒正是登场于这样一个时代。心地啤酒开发计划开始于1983年9月,当时负责该项目的是麒麟啤酒市场部的上村修二科长和新员工太田惠理子。著名漫画家望月寿城(笔名shiriagari寿)和前田仁都是后来才相继加入的。

1984年的夏天,上村曾这样问过太田:"项目进展不如人意,我想要增加几个团队成员,你觉得谁比较合适?"太田则立刻答道:"我觉得前田先生是最佳人选。"太田毕业于东京大学文学部社会心理学专业,于1983年入职麒麟啤酒,一进公司就被分到了市场部。目前是麒麟啤酒公司内部市场调研部门的高级研究员,专门负责调查消费者的日常行为模式。

1973年入职麒麟的前田,最初在大阪分公司开展业务做销售工作。1980年总公司市场部成立,前田也在同年被调至市场部。在心地啤酒开发计划启动之初,前田主要负责清凉饮料的开发。

太田对当时的前田有着如下评价:"前田先生是很有性格的,他推出每个商品都各有特色。或许是曾经有过因病休假的经历,他对待工作总是一丝不苟。而且,不管在谁面前他都能坚持自己的意见不改,我觉得他也是个内心很强大的人。"

加入项目团队后，前田很快提出了心地啤酒的产品概念。在纸上，前田用铅笔手写了这样一句话：素（本质）= 发现事物本来的价值。在思考产品概念的同时，前田也梳理了今后的时代将有什么样的需求，将发生什么样的变化，从而提出了5条未来的时代趋势。

1. 以个人意识的确立为目标。
2. 要求培养有能动性的信息判断能力。
3. 人类的感性将迎来再发展。
4. 大众将更需要货真价实的新商品。
5. 少即是多。(即比起过度包装，功能冗余的产品，去除了无用功能的简约质朴的产品更受欢迎。)

前田在那时就已清楚认识到：大量生产，大量消费的时代将要结束，未来的时代将属于能让消费者动心的产品。

"心地"背后的理念

"大量生产,大量消费"是当时的共识,前田提出的产品概念几乎与之完全对立,桑原却表示非常支持。自此心地啤酒的开发方针就变为:重质不重量,打造有核心粉丝群的啤酒。

这一方针也被完全贯彻。在产品开发过程中,不仅只针对大学教授、艺人明星、编辑等"领先时代之人"开展了问卷调查,在包装设计上也精益求精。后来成为世界著名服装设计师的石冈瑛子也参与了设计竞标。

至于啤酒本身,前田更是追求极致。在啤酒产品开发的过程中,往往会进行多次试酿实验,来对啤酒的味道进行调整。而据说在"心地"啤酒研发的过程中,试酿达到了50次以上。麒麟拉格啤酒有着浓厚的苦味,虽然在男性群体中很受欢迎,但这种苦味很容易让人望而却步。而心地的目标,就是做出没有苦味且口感清爽的啤酒。为此,它只采用价格高昂但香味浓郁的啤酒花作为添加物,成功打造出了在100%麦芽酿造啤酒中独树一帜的清爽口感。

在包装和啤酒品质上追求极致的同时,心地啤酒最初还坚持在电视上不做任何广告。因为在心地啤酒的背后,其实还有着"让顾客自己发现"这样一种理念。心地啤酒并不是走量的产品,前田当时的想法是针对麒麟拉格啤酒要以质取胜。故而心地啤酒的销售战略,始终以"从内心深处打动特定人群"为目标。另外,前田也希望能够以此改变日本以麒麟拉格啤酒为代表的啤酒文化。在他看来,如果在中途改变而重新瞄准大众群体,反而会导致产品的品牌价值下降。因此他提出了只在东京地区销售心地的方案。因为地方的风气较为保守,心地啤酒或许难以畅销。如果成了地方上也能畅销的大众款啤酒,那么心地啤酒也就失去特色,更会失去那些"领先时代之人"的支持。太田也证实道:"心地是一款在乡下卖不出去的啤酒。"

脚踏两只船

或许是因为太过领先于时代,心地啤酒的销售计划受到了来自销售部门的强烈反对。啤酒公司本质上是以销售为中心的企业。在当时的麒麟,虽然从公司架构上看销售部和市场部是同级部门,都隶属于啤酒事业总部,但实际上销售部的势力更胜一筹。

"如果只在东京地区销售,万一有人从附近的埼玉或者神奈川地区过来进货要怎么办?你们这样会出乱子的,也会给特约批发商和店里带来麻烦。""一开始就在全国销售要好得多。"诸如此类的反对意见堆成了山。

销售部无比厌恶变化的出现。虽说桑原也是销售出身,但销售部门内还是有很多人不支持桑原,认为其行动和言论都太过激。因此即便有桑原的帮助,心地啤酒的销售计划也难以获得销售部门的支持。结果,前田最初的方案被驳回了。而作为候补方案他提出只在直营店"心地啤酒馆"销售心地啤酒的计划。太田对这一期间发生的事情描述说:"因为销售部反对,项目四处碰壁。多亏了前田,我们才能在最后拿出替代方案，使项目顺利实施。我原本就觉得前田内心很强大，但从没想到他居然能发挥出这么大的能力。经历了如此困难重重的项目，我相信他也一定从中成长了不少。"

心地啤酒馆，是一家有划时代意义的店。它没有挂上麒麟啤酒的招牌，一眼望去也一定想不到它是麒麟啤酒下属的直营专卖店。因此，到店的顾客也能够不受麒麟啤酒这块招牌的影响，给出对啤酒的真实想法。这样得来的宝贵意见（顾客的内心想法），还能指导产品开发。这正是心地啤酒馆的终极目标，也是斯巴鲁汽车常用的"田野志"调查方法的本质体现。太田也说道："心地啤酒馆正是田野志方法在日本的首次应用。"

心地啤酒馆的划时代性，还在于它领先于时代，成为最前卫艺术的文化据点。在啤酒馆组成部分"地锦馆"，经常举办音乐会、舞会以及戏剧演出等活动。另一部分"地窖"也常会举办现代艺术等主题展览。啤酒馆成了艺术家们互相交流的据点，还被他们称作"心地艺术中心"。

虽然电通公司也参与了项目，但包括日常举办的活动，啤酒馆一切运营都由前田一手把控。同为项目团队成员的望月寿城说："为了确定啤酒馆的选址，当时我和前田先生一起跑了很多个地方。甚至还去过横滨红砖仓库，那里是刑侦剧常用的一个选景地。"

1981 年毕业于多摩美术大学的望月寿城，作为设计师进入了麒麟啤酒工作。对于 1973 年入职麒麟啤酒的前田来说，他就像一个年龄相差很多的弟弟。1994 年望月离开麒麟啤酒，而后以"shiriagari 寿"作为笔名，成了著名漫画家。

　　前田担任了心地啤酒馆的首任店长，他一边保留着在麒麟啤酒市场部的工作，一边在啤酒馆开业后的约半年间（到 1987 年 4 月 20 日为止）兼任啤酒馆的店长。那段时间，前田每天早上 9 点先来到当时位于原宿的麒麟啤酒公司总部上班，完成工作之后就在傍晚时分（有时也会在中午之前）去位于六本木的啤酒馆，换下西服穿上酒馆制服，在那里一直工作到酒馆打烊。

　　啤酒馆在每天晚上 12 点打烊，但因为要赶末班车，打工的员工们都会提前走。因此，酒馆打烊后的善后工作都是前田一人做的。直到末班车结束后的深夜，前田换回西装，锁好门窗，才踏上回家的路。望月评价那时的前田说："无论何时，前田先生总是显得从容不迫。明明没有经营啤酒馆的经验，却一下接管了这家啤酒馆。这里经常充当美术馆或现场音乐厅，经营难度很高，但前田先生一点儿也没有表现出不适应。"

一场豪赌

在心地啤酒馆（地窖部分）开业第一天，非常尊敬前田的真柳亮带着自己的未婚妻（现在的夫人）来酒馆就餐。在柜台结账的时候，前田曾笑着说："客人只有你们两位，然后再加上我自己喝的一点酒，共计3800日元。开业第一天的销售额就是这么些了。"

真柳一听，不由得多少有些担心。但前田答道："心地啤酒本就打算要在自己的'网络'上销售，所以一开始没有客人来也没关系，酒馆总有一天会坐满客人。"回想当时，真柳说："我看见前田先生淡然笑着，自信满满的样子，就觉得事情应该就是这样，所以自然而然就放下心来了。"

在那个手机电脑尚未普及的无互联网时代，所谓网络，指的是靠客人之间口口相传形成的销售网络。据说，前田当时一直在研究如何在不通过媒体宣传的情况下，实现较好的宣传效果。前田坦言："做心地项目时，怎样才能让客人们口口相传，怎样才能实现免费的宣传，我为这些问题

可算是绞尽脑汁。"苦思冥想之后,前田终于发现了以下 6 点关键:

1. 必须赋予一件商品大量的情报价值(即让人想去谈论它,让周围人也知道它的价值)。
2. 要站在信息接收者的角度上思考和整理想要传播的信息。
3. 读懂时代。
4. 制造大批利益相关者。
5. 越是快速的传播媒介,越会降低人对信息的敏感度。所以杂志优于报纸,报纸优于广播和电视。
6. 比起追随消费者,打造令消费者追捧的模式更加重要。

前田在 20 世纪 80 年代中期就大概摸索出来的这些方法,就算放在现在也十分先进。尽管在真柳面前表现得自信满满,但前田实际上也有不安。据前田的妻子泰子回忆,虽然前田不常和她提及公司和工作上的事,但在他就任啤酒馆店长之前(也正好是泰子怀第三胎的时候)曾和泰子这么说过:"我要去当心地啤酒馆的店长了,如果失败了我就会从公司引咎辞职。虽说如此,我绝不愿意看到这个店长让别人来当,之后把它搞砸了。"

泰子认为前田非常重视心地啤酒馆,可以说它正是前田的原点。当时,企业仍旧实行终身雇佣制,"从公司辞职"这句话的分量远比现在要重。虽然那时前田在公司总显得与世无争,但这对他仍是一场豪赌。

求变不止

心地啤酒馆，对前田来说是一间再好不过的"实验室"。在开业之初，啤酒馆生意萧条。于是前田提出了一个月换一次菜单的方案来吸引客人。一般的餐饮店通常半年换一次菜单，最快的也是三个月一换。每月换一次菜单，不仅增加服务员的负担，厨师那边也会有意见。尽管前田令员工们勉强接受了高频率的更新菜单，但主厨提出的菜单大都不如人意，更难以提高销售额。

可即便如此，前田仍旧坚持不断更新热卖菜品。不仅一般厨师们工作负担很大，主厨更是因为压力太大，患上了美尼尔氏综合征。不过习惯了这种节奏之后，员工们反倒变得开始享受菜单换新的过程了。

为什么前田如此在意更新菜单呢？前田曾写道："如今正在普及的销售时点信息系统（Point of Sales，即POS系统）立刻就能完成ABC分析。也就是所谓对'畅销商品和滞销商品'的分析。通常，畅销的会被留下，滞销的则会被换掉。但仔细想想，这么一来，就永远不会出现新的畅销商品了。ABC分析法，终究只是在一堆既定的商品里分析出哪个畅销哪个滞销而已，并不能从中得知其他地方是否还存在更畅销的产品。因此比起换掉C榜单里的商品或菜单，不断换新A榜单里的东西更为重要。"

ABC分析法，是一种广泛应用在仓库管理等领域的方法。通常会在总金额或销售额等指标中，基于最为侧重的一项将商品分为A、B、C三类，并列出榜单。通常分在C榜单内的都是滞销商品，这些商品则会被挑出来，替换成其他畅销商品。但前田认为光这样是不够的。只换C榜单，就意味着A榜单的商品一成不变。然而，即便是A榜上的畅销商品，也总有一天会变得不再畅销，说不准榜单外可能还有比A榜商品更畅销的产品。前田直言："'把ABC分析法当作指导商品更换的方法来看，和把它当作推出畅销商品的方法来看，得出的评价是截然不同的，'我曾经被说过这句话的人讽刺过，'即便明白这个道理，麒麟也没能换掉麒麟拉格这个畅销商品'。"或许就是从那时开始，前田开始认真思索能够替换掉麒麟拉格啤酒的产品。

前田的努力最终开花结果。心地啤酒馆的生意开始逐步向好。来看演出或艺术展览的客人也逐渐增多，客人的数量一路上涨。"总有一天客人会多到人挤人"，前田的这句预言变成了现实。

根据过去的日本经济企划厅（如今的内阁府等）的记

录，日本泡沫经济时期始于 1986 年 12 月。心地啤酒馆恰好在同一时期开业。当时，以年轻人为主，直到深夜都有大批人聚集在灯红酒绿的六本木地区。而前田，则会每天在酒馆打烊之后，将酒馆当天的销售款装进包中，带去位于六本木交叉点的坐落在俳优座剧场①旁边的三菱银行存好（当时银行还有用户可以自助存储的"夜间金库"服务）。

销售款基本上都会超过 100 万日元，多的时候甚至超过 200 万日元。带着这么大一笔现金，穿行在半夜喝得醉醺醺的人群中，前田是十二分小心谨慎。和前田同一年（1973 年）进入公司的松泽幸一指出："对于过分保守谨慎而不愿迈出改革之步的麒麟而言，心地啤酒馆就是它具有革新性和挑战性的一部分。"松泽当时还在生产部门工作，后来成了麒麟的社长，离开麒麟后又就任明治屋公司的社长。因为他入职麒麟之前还读了研究生，故虽然和前田同届，却比他年长几岁。

心地啤酒馆的一大特点，还在于它是一家限时开业的酒馆。因为最初选址定下的老建筑已被划入二次开发预备用地，一旦二次开发开始，啤酒馆就必然不能营业了。因

---

① 译者注：俳优座剧团为日本五大戏剧团体之一，于 1954 年建成俳优座剧场。该剧场后来成为日本戏剧界的活动基地。

此，从一开始啤酒馆就只能营业两年零五个月。即便这一时限后来延长了两次，但啤酒馆仍旧在 1990 年 12 月暂时停业。而从开业到停业的四年零两个月内，实际到访心地啤酒馆的客人总数超过了 56 万。前田，在这场豪赌中成了赢家。

第二章 伟大的助跑

船场之子

1950年2月1日，前田仁出生于富士山脚下的山梨县南都留郡西桂町（当时为西桂村），成了最后一批"团块世代"①。前田是家中唯一的男丁，上面有一个大他一岁坚强独立的姐姐，下面还有两个妹妹。

西桂町位于山梨县东部的郡内地区，是一个夹在富士吉田市和都留市中间的小镇。郡内地区的特产是一种有着条纹图样的丝织物"郡内织"。前田的父亲前田唯一，当时就做着将郡内织销往日本各地的营生。

因为工作需要，唯一经常来往大阪船场，在那结识了前田的母亲博子。用船场的话来说，博子是"大小姐"，即商家之女。唯一与博子两人相识不久就结婚了，博子也去了西桂町。

在日本战后的混乱期，唯一有了前田仁和其他几个孩子，他重操旧业，每天拼命工作养家糊口。除了贩卖郡内

---

① 译者注：指1946年至1954年出生的人群。这些人是20世纪60年代中期推动日本经济腾飞的主力。

织，唯一还在家里养蚕。每年初夏时分，他都会在家里搭起养蚕棚。蚕从早到晚都不停啃着桑叶，长得很快。6月是梅雨季，而蚕啃食桑叶的声音正和雨声落地的声音十分相似，同样连绵不断。很快蚕就结成了茧，可以卖出去了。从这些茧里抽出来的丝，又能再制成物美价廉的郡内织，最后被销往日本各地。

1958年，日本进入经济高速发展期，唯一为了进一步扩大事业，举家搬到了大阪。那时，前田刚上小学二年级，于是也就一同转学到了大阪南区（现为中央区）的市立道仁小学。

道仁小学虽然办学规模较小，但有着尊重儿童个性的校风。2月出生的前田比起同级的孩子来说个头小一些，又是从乡下转学过来的，一开始还很让人担心他能不能适应城市的学校生活。但好在前田似乎并没有怯场。据他的妻子泰子说，前田当时是很神气的。不仅和他坚强独立的姐姐一样学习成绩很好，在同学中也很受欢迎，最后还当上了班级委员。

在四年级学生的作文集锦中，还收录了前田在四年级时写的一篇短文。这篇名为《相扑稽古》（四年级3班前田仁作）的短文记录了在大阪相扑比赛开赛前夕，相扑力士在自家附近寺庙的庭院中稽古的样子。其中零零碎碎地记着："柏户（最高段位为横纲）和北叶山（最高段位是大关）正在争夺比赛的第 10 名……柏户已经赢了 6 回……得到了鬼龙川（最高段位为前头 6 段）的签名……镜里大师从正面扑通一下坐上来了……一边看着,一边感受着晒在身上暖洋洋的太阳,忽然就觉得春天来了。"

从中不难看出,虽然只有小学四年级,但前田就已经具备了冷静的目光,能将发生过的事——记录下来。

经历曲折的少年

小学毕业后,前田升入市立高津中学。在体育课上学习柔道,那时前田个子偏小,柔道服穿在他身上显得肥肥大大。也正是在中学时期,前田猛地一下子开始长高了。前田的父亲唯一有 1.8 米,放在那个年代已经算很高了。前田继承父亲的基因,最后也长到了 1.77 米。不过,一直讲究数据准确的前田,在身高数据上似乎就不那么讲究了。前田的长子佑介介绍,前田一般都说自己有 1.79 米。

或许是因为个子长高了,前田十分擅长运动。不过他似乎没有专精于某一项运动,而是接连换了棒球部、网球部等不少运动社团。除了运动,他还很擅长画版画。成年后的前田能一手打造出各式各样的商品,或许这一特有的才能便是从此开始萌发的。前田结婚后,与妻子泰子曾有过这样的对话:"孩子他爸你什么都能做得很好,如果能专心致志地一直做一件事,一定会成为一流的人才。""但很遗憾,我是一个没法坚持只做一件事的人。"

其实,前田不断换社团有一定的家庭原因。在前田的初中、高中时期，父亲唯一的两次创业都以失败告终，且两次创办的都是纺织公司。于是，前田在青春期便经历了公司破产的变故，或多或少，前田的内心有些别扭。

按理说，前田作为大阪一家中小型企业的"少爷"，应当过着自由自在的生活。但实际上因为公司破产，前田的生活也为之大变，对前田一家翻脸无情的大有人在。过去有权有势之人一旦落魄，周围定会有人变脸如翻书。"他成了一个不愿以弱示人的人。"泰子指出。最后，唯一放弃了继续创业，选择在朋友的公司当一个普通上班族。

前田从不认为自己定力不足是一件好事。前田的长女亚纪证言："我当时选了田径部，佑介是足球部，周吾在排球部，我们三个人从初中到高中都在社团里努力。父亲虽然嘴上不说，但暗地里好像很是赞赏我们。"

中学毕业后，前田进入了府立高津高中学习（和他同级的还有伊藤忠商事的会长冈藤正广）。或许因为他是最后一批"团块时代"的学生，当时学校一个年级就有约550名学生（2021年高津高中总共招收了360人）。从高津高中毕业后，前田在当了一年"浪人"①之后，顺利考入了关西学院大学经济学部。

麒麟啤酒内部有传言称："前田先生在大学参加橄榄球

---

① 译者注：指高中毕业后未考上大学也没有学籍的赋闲状态。

部打进了甲子园的橄榄球比赛,拿下了日本大学联赛的第一名。"但这一传言其实错了,前田在大学实际上加入的是足球同好会。虽说后来大家都知道前田喜欢足球,但这一爱好其实是在他大学期间培养起来的。也正是在前田的大学时期,唯一的身体出了问题,暂时无法工作。因此,前田还申请过一段时间的奖助学金。

前田自1972年开始求职,1973年入职麒麟啤酒公司。当时的麒麟啤酒是占据了约六成市场份额的稳定企业(1972年占60.7%),也是三菱财团下属的公司,在正在求职的学生中很有人气。"他原本以为会落选的,没想到最后入职了。"前田的妻子泰子说。

实际上托父亲唯一的战友的关系,已经有一家大型超市准备聘用前田了。但前田还是希望能凭自己的能力找工作,就没有去入职。这之后最早给前田抛出橄榄枝的就是麒麟,于是前田便选择了麒麟。如果那时前田选择了别的公司,或许后来一番榨、心地、淡丽这些商品就都不会诞生了。一想到此处,不由得令人颇为感慨。

人才济济

1973年4月，前田仁从关西学院大学经济学部毕业，入职麒麟啤酒公司。和他同一批加入公司的有76人，其中业务与技术专精人才大约各占一半。和前田同期加入公司的松泽幸一回忆，新员工入职仪式在位于东京中央区京桥的麒麟总公司举行，第二天公司又在日比谷公会堂举办了专家培训讲座。不过松泽说："因为实在太无聊了，我全程都在睡觉。"

除松泽，1973年入职麒麟的员工中还有不少人都出人头地了，比如从高知分店店长等职务做起最后成为麒麟啤酒公司副社长的田村润，成为麒麟控股（麒麟HD）集团常务董事的古元良治，以及后来担任协和发酵麒麟公司副社长的山角健等。

不过，这些人也并非一开始就顺风顺水。在他们加入公司半年后的1973年10月，就爆发了第四次中东战争，随后石油价格飙升，石油危机随之爆发。但此时1974年应届生的求职活动已经结束，故这一批应届生还未受到石油危机影响，企业在这一年仍旧聘用了大量员工。然而这也是企业大规模聘用应届毕业生的"最后一班车"。1975年以后，几乎所有日本企业都开始减少聘用应届毕业生。

"单身宿舍的浴室，从我加入公司第二年开始变得空荡荡的了。"松泽如是说。麒麟的情况也是如此，1973年光是技术人才就招了40人，但到1975年就锐减到4人。朝日啤酒前社长樋口广太郎在他尚在社长任期内的1991年，曾分析道："战后出生的'团块世代'，成年后喝的第一瓶啤酒就是麒麟拉格。这是因为在60年代后半叶，卖的最好的啤酒就是麒麟拉格。而'团块世代'这一批人在之后也接着喝麒麟拉格，所以麒麟才能一直占有超过六成的市场份额。"不过，樋口接着说道："朝日想的就是要用我们的'超爽啤酒'，拿下'团块世代'这一批人的下一代。"

1973年麒麟新员工入职仪式后。经过大约一周的新员工培训，前田被分到了大阪市东区（现在是中央区）伏见町的麒麟大阪分店业务科。主要工作内容就是坐在办公室里从批发商那边接收订单、开出订货票据、向工厂发订货单等。在那个电脑还没普及的年代，这些工作都需要用纸笔手写，因此员工处理该类工作时不仅需要准确率，还得高效。

前田的妻子泰子毕业于大阪市内的高中，一样就职于麒麟大阪分店，被分到了总务部就职。两人一个是综合职，一个是一般职，都是同一批加入公司的。泰子对前田的第一印象其实并不好，她说："（前田）很会说话，但感觉态度有些油滑，反而让人不喜欢。"当时前田和泰子都是在办公室上班，因此见面很频繁，也经常一块儿做小组任务，在后来的相处中她对前田的印象才慢慢有所改观。

前田在大阪分店工作的时候加入了一个登山兴趣小组，其成员有十多人，基本上都是十几二十岁的年轻员工。小组经常举行阿尔卑斯式登山活动，曾组织过攀登海拔2763米的燕岳山。那时，全体成员在周五晚上7点于大阪站集合，乘坐夜间列车到达信浓大町。如果到得早就会在车站前的饭馆一同吃早饭，吃完立刻开始登山。全体成员会在前田的指挥下排好队，沿着崎岖的山路一路攀登。一般在日落前，他们就能到达山顶附近的一间山中小屋，在那里挤着睡一晚。第二天早上4点便早早起床，登上山脊在山顶上一同看日出，之后便下山回到大阪。周一早上全员又到公司继续上班。

虽然行程相当紧凑且强度较大，但有一次一位脚部有旧疾的女性员工也说想要参加活动。前田答应她："好，我会想办法的。"据说，他和其他的男性小组成员轮流合作，背着这位女性员工到了山顶。看见前田的行为，泰子对他的印象才大为改观，觉得他并不轻浮，反倒非常温柔。

第二章　伟大的助跑

确诊癌症

前田在大阪分公司业务科做了 5 年的办公室工作之后，在 1978 年 4 月转职成大阪分店的销售，负责南区、浪速区、天王寺区、东成区等几个大阪特色浓厚的区域的销售业务且做出了成绩。泰子则继续在总务部工作。

当时的总务部，除了接待来访人员和其他总务事务，也负责大阪分店店长的秘书工作。1979 年 2 月 28 日，本山英世从总公司的客户事业开发部部长被调任为大阪分店店长。本山英世是麒麟的传奇人物。虽说大阪实际上是朝日啤酒的"根据地"，但本山还是在敌营大阪谈下了大型特约批发商的生意，取得了十分突出的成绩。之后，本山于 1984 年就任麒麟的社长，被人称作"麒麟的天皇"。

本山英世出生于 1925 年，和朝日啤酒的前任社长樋口广太郎（1926 年生）同年上学。读完日暮里的开成中学后，在东京商科大学（现在的一桥大学）继续学习，于 1950 年入职麒麟啤酒公司。他对下属像带军人一样非常严厉，不过对待负责秘书工作的女性员工，如同对待自己女儿一般温柔可亲。

在大阪分公司当销售员满两年后,前田于1980年3月被调到东京总公司销售部门下属的市场部工作。当时麒麟总公司的地址移到了东京原宿地区。那时,市场部才刚刚成立,还挂靠在销售部门下(1981年独立)。前田在市场部从事着清凉饮料的新品开发工作,自此开始了"市场营销的天才"的职业生涯。

同样在1980年3月,泰子从麒麟辞职,同年5月和前田结婚。婚房就在埼玉县浦和市(现为埼玉市)常盘,是公司分配的员工住宅。此时的前田事业顺利、生活美满。本应十分幸福,他却迎来了一个噩耗。1980年11月,因为身体不舒服,前田去医院检查,被查出已是胃癌早期。怀孕的泰子也因为这个消息惊吓过度而流产了。泰子痛心地反思道:"虽然有定期去医院体检,但没有去复查。正是因为这样才没能早早发现癌症。"

因为还不熟悉东京和埼玉的医院,前田决定回到大阪做手术。1980年12月,他住进了国立大阪医院并接受手术,被切除了四分之三的胃。手术非常成功,可术后恢复却不如人意。原本前田预计只需要住院三周,但因恢复情况不理想,只能继续住院疗养。直到1981年3月,前田才出院,此时他已经31岁了。这场重病,对前田来说无疑是一次极大的磨炼。

遭遇连败

"前田先生从未考虑过自己的前途。"以比前田晚8期的后辈望月寿城为首，比较了解前田的麒麟啤酒内部人士几乎都这样说。不过，比前田晚了10期的太田惠理子也指出："这也可能是他觉得自己得了胃癌，学历又比别人低，再不可能出人头地了的缘故。我觉得前田先生的本心或许也并非如此。"

在心地项目结束之后，太田因为跟随丈夫去国外工作，从1990年开始暂时休职了三年。当时麒麟公司其实还没有休职的制度。太田直接去找了人事部谈判，发誓一定会回来复职，故而她的休职申请才得以通过。听说太田要休职的消息后，前田曾急忙赶来对她说道："我觉得你最好再斟酌一下，一旦休职就会迟迟难以升职。你离开公司的三年间就会有不少后辈升职，你回来的时候说不准你的后辈反倒成了你的上司，这样你也能接受吗？"

1983年，太田作为工作经验丰富的专业人士加入麒麟，那时《男女雇佣机会均等法》还没有实施。前田是在真心实意地为太田的将来考虑。当时因为同为竞争对手的职业女性人数较少，有丰富工作经验的女性在职场上升职相对容易一些。太田从那时便觉得："前田先生看起来对升职毫无兴趣，但其实内心也是想要出人头地的。"

克服了胃癌这场考验的前田，从1982年开始，正式负责清凉饮料的新品开发工作。那时随着自动贩卖机的普及，市面上的热门产品也开始发生变化。因此，麒麟当时主打的清凉饮料商品"麒麟柠檬"和"麒麟橙子"的销售情况都不容乐观，开发一款可以热卖的新产品迫在眉睫。然而，前田在开发这项新产品上屡屡失败。

他先开发了果汁饮料"闪亮亮"。在给产品做电视广告时选用了10来岁的原田知世为模特。广告中原田穿着泳装在泳池中仰泳的画面虽然引起了很大的关注，但饮料的销售却不见起色。前田分析原因道："早知道老老实实地做纯果汁饮料就好了。因为在产品里加了一点薄荷进去，顾客喝起来就觉得有股药味，反而评价不好。"在这之后，前田继续开发了热带风情鸡尾酒风味的"科纳风暴"，红酒风味的"ESELA"、碳酸饮料"Off Side"等产品。但无论哪个都没能热销。或许是因为过于超前了。

后来被人称为"市场营销的天才"的前田，在一开始也曾连续遭遇失败。后来他反思当时的失败说："顾客对既定俗成的东西没有兴趣，也一样无法接受过于超前的东西。

虽说幸福很难触手可及,但触手可及的满足、触手可及的希望,都是我们迈出一小步就能做到的。可就算只迈这一小步,也要搞清楚大众和先端两者的区别,否则将不知落脚于何处。但在任何时候也都必须和先端接轨,说极端一点,有时为了能抓住先端的感觉,必须得先刻意把先端概念商品化。但即便有系统解释,如何掌握这微妙的量依旧令人苦恼不已。"

桑原学校

以心地项目为契机,前田展示了自己作为市场营销员的才能。在这之中,当时市场部的部长,即前田的上司桑原通德也起到了至关重要的作用。一个上班族能否发挥出自己的能力,他的上司起着决定性的作用。在这一点上,前田可以说是遇到了一位好上司。

"好上司"很难定义,但"擅长培养下属"一定是一个重要因素。实际上以前田为首,桑原还培养了很多人才。麒麟控股集团现任社长矶崎功典(1977年入职麒麟)就是桑原任神户分店店长时的下属,此外被称为"传奇销售员"的真柳亮(1979年入职)、麒麟啤酒公司前任社长布施孝之(1982年入职)、1992年至1996年任麒麟啤酒公司社长的真锅圭作(1955年入职)都可以称作桑原的弟子。1988年,桑原作为常务董事,就任大阪分店店长。当时他的下属还有2022年从麒麟饮料公司社长升任为麒麟啤酒公司社长的堀口英树(1985年入职)和如今任麒麟控股(HD)CEO 的堀伸彦。

受过桑原培养的人，在麒麟之外的天地也大展拳脚。湖池屋社长佐藤章曾经就职于麒麟啤酒公司。佐藤把桑原和前田当作自己职业生涯的老师一样敬重。1982年入职麒麟啤酒后，佐藤先在群马县取得了优秀的业绩。后来他通过自我申告制度，于1990年进入了总公司市场部。那时，佐藤特意从前桥去往大阪，专程拜访了时任大阪分店店长的桑原一趟。而桑原对佐藤说道："请把成功体验丢掉，继续创造超越你目前所学知识和既定价值观的新东西。这是我给你敲响的警钟。"

佐藤在麒麟啤酒公司工作时，一直苦于难以创造出热销产品，后来被调到负责清凉饮料的麒麟饮料公司后，才如鱼得水般发挥了优势。从1999年到2001年，佐藤推出的罐装咖啡"麒麟FIRE"、"麒麟生茶"、功能性饮料"Amino Supli"等商品一个接一个畅销了。之后，佐藤升为麒麟饮料公司的社长，再后来又去了湖池屋，通过打造爆火的高价薯片"湖池屋"，成功重建了湖池屋的品牌价值。

被称为"传奇销售员"的真柳亮在神户分店工作期间（1979—1980年）也受到了桑原的熏陶。当时，真柳还住在公司位于尼崎的单身公寓，公寓里还住了很多大阪分店的年轻员工，而那时任大阪分店店长的还是以"军队式带下属"方式出名的本山英世。

真柳回忆桑原："桑原先生跟我说：'你们随心所欲地

去做就行。'让我自由地做自己想做的事情。所以神户分店的氛围一直都很好，大家每天回到公寓都心情愉快。而大阪分店的人回来时却总是一脸沮丧，看上去很累。当时神户分店桑原先生手下的所有人都成了大公司（包括集团）的干部。他们并不都是很优秀的人，但桑原先生发掘出了他们的长处，帮他们取长补短，所以这些不优秀的人也能出人头地。"

破除既定概念

在桑原的手下，前田渐渐崭露头角。在这一过程中，前田积极地和公司内外很多人来往，逐渐构建起了自己的人脉网，其中的一位就是舞蹈家田中泯。《日本经济新闻》"交游录"这一栏目，就曾有一篇题为《从舞蹈中得到的触发》的文章，记录了前田和田中之间的故事。

在心地啤酒馆开业活动中，前田曾邀请田中来表演舞蹈，这成了两人相识的契机。前田最初并不能理解田中的舞蹈，但他并未轻易放弃，而是一次又一次地去剧场看田中演出。前田描述这期间的事情道："就在我在中途放弃了去理解它的时候，舞蹈却突然和我融为一体了。"前田后来把这次体验记录了下来："我至今仍觉得这种体验在工作上也很有用。破坏既定概念，创造新生事物。在这一点上舞蹈和商品开发很相似。"

这和桑原曾教导的"忘掉成功之体验，超越既定之观念"不谋而合。"过去取得的成功越大，成功体验就越容易变成难以磨灭的记忆，并在我们内心一遍遍重播。就算周围的环境已经改变，也难以舍弃这份记忆，从而招致重大失败。和这种成功体验一样，我们也被很多既定概念捆住了手脚，这种既定概念支配着我们的思考和行动并给它们划定了前提条件。要想摆脱它的束缚，必须无论何时都坚持更新自己的思想"。

为了"更新自己的思想"，前田和各行各业的各种人都有交往。除了像田中泯这样的艺术家，他还结识有广告代理商、广告设计师、建筑设计师、信息调查公司的相关人员等，在企业家方面的人脉也很广。

前田对自己后来的下属说："作为上班族，请你们在36岁的时候从事最好的工作。"前田打造心地时正是36岁，对他来说心地的意义就是如此重要。

"虽说是我的私事，但被问'在工作中印象最深的是什么，又是什么成了内心的发条'时，'心地'就是我毫不犹豫的答案。可以毫不夸张地说，它支配着我的思考、行动、人脉网乃至全部。"20世纪80年代麒麟啤酒推出的所有啤酒中，只有心地至今仍在销售，它也成了麒麟除了麒麟拉格，历史最久的一款啤酒。

现任麒麟啤酒企划部部长是1989年入职的山田精二，山田至今仍将前田当作自己的老师一样尊敬，他说道："心地和一番榨（1990年上市）就像一枚硬币的正反两面。如果说心地是独立制作，那么一番榨就是大厂出品。"

据说当时在心地啤酒馆打工的员工们也多少感受到了前田的想法。从地锦馆开业时就在酒馆打工的浦乡雅裕说："从前田先生的话语里时不时就能感受到，他认为目前只有拉格啤酒一根救命稻草的麒麟是充满了危机的。就连打工的我有时也深深地感到一种危机感，觉得现在这样下去是不行的。不过，在我看来，前田先生也清楚地知道靠心地救不了麒麟啤酒。"

浦乡当时是某大学英美文学专业的大四学生，刚刚结束为期一年的美国留学回到日本。当时心地啤酒馆的时薪是1000日元，即便它是开在六本木繁华地区的店，这个时薪放在1986年也是相当高的。兼职打工人员一共约有30人。大厅和厨房一般有20人左右工作，还有以前田为首的数名麒麟员工。由于附近有很多外国大使馆或者外资企业，因此啤酒馆也经常会有外国客人光顾，浦乡的英语能力一度非常有用。

开发心地的目的是改变依赖主打产品不愿求变的麒麟。但是，后来发生了与这一目的背道而驰的事情：心地被制作成了罐装啤酒在全国发售。作为要与麒麟拉格对抗的产品，心地本应是一款只对核心粉丝销售的"小精尖"啤酒。将其制作成罐装啤酒并在全国销售，无疑是自毁品牌。一旦变成大量生产、大量消费模式下的商品，心地就等于和麒麟拉格站在了同一个舞台上竞争，势必会有所损伤，最终只能沦为衬托。

但即便如此,将心地制成罐装啤酒在全国销售的计划还是通过了。决定在全国销售心地的,是在麒麟内部势力尤为强大的销售部门。他们认为,既然心地啤酒馆如此成功,那么罐装心地啤酒也一定会热卖。

前田努力工作,却换来了和目标南辕北辙的结果,只能说实在是无比讽刺。前田最看重的心地也没能取得完全的成功。但前田从这次失败的经验中,看到了未来成功的萌芽。他在后来写道:"自己竭尽所能想出的产品、战略或者战术,哪怕最终没有得到期待的成果,也一定给未来做了铺垫。我坚定地认为,一定要创造出给这种竭尽全力之后的失败以宽容和奖励的企业文化。"

第三章 来自『超爽』的冲击

"地毯式推销"的销售部队

1987年3月17日星期二,关东地区大约3万家酒铺,都收到了来自朝日啤酒的包裹。它里面装了瓶装和罐装的朝日啤酒的新产品各一箱,并附有产品说明书。在同一天,以同样的条件,向所有的酒铺寄送自家公司的新产品这一行为,是业界前所未有的。此前新产品的推广,一般都是销售员一家一家走访,通过批发商进行配送,至少也要两周才能完全推广。

朝日啤酒的市场部坚持要同时进行推广,他们希望通过平等对待小型酒铺,提高他们的销售动力,激发竞争心。大和运输公司的小仓昌男开创的宅急便业务,使这种推广方式变成了可能。

朝日啤酒推出的这款新产品,就是"超爽"啤酒。超爽一开始只在日本关东地区和山梨县销售,销售目标只是在一年之内突破100万箱(一箱装有20瓶,一瓶633ml,共计约合12.66升)。对于在其发售前一年(1986年)就有2.2534亿箱啤酒销售额的麒麟啤酒来说,其威胁基本可以忽略不计。

20世纪80年代之后，朝日啤酒迎来了经营危机，1981年不得不进行裁员，因为资金短缺，就连保持公司占股都成了大问题。1982年，朝日啤酒的市场占有率首次跌破了10%，跌至9.7%。1983年为9.9%，1984年为9.7%，一直在超过9.5%但不到10%的范围浮动，1985年掉到了最低的9.6%，并且趋于停滞。同年，三得利公司的市场占有率为9.3%，基本上是追上了朝日啤酒，与之持平了。

1985年，阪神老虎职业棒球队时隔21年，奇迹般地再次拿下日本联赛冠军的宝座。而朝日啤酒一直和阪神老虎队有着紧密联系。当时，在西宫市的阪神甲子园棒球场只允许销售朝日啤酒，因为球场连着几天都是爆满状态，朝日的啤酒销量飞升。在那段时间，朝日啤酒还推出了印有"阪神老虎，加油!"口号的罐装啤酒在全国销售，据说很多阪神老虎球队的粉丝都买了这款酒来给球队加油。如果没有阪神老虎的这次胜利，朝日恐怕会被三得利超过，掉到业界第四的位置。

朝日不能一直仰仗阪神老虎队获胜的东风。于是在第二年（1986年），朝日推出了全新的"朝日生啤"，一度非常火爆，其广告标语是"既醇厚又爽口"。这使得朝日啤酒的市场占有率再度回归10%，达到10.1%。但是，它依旧没能帮朝日啤酒渡过经营危机。而在这个紧要关头站出来的，是朝日啤酒的销售团队。

与因常年居高的市场占有率而安于现状的麒麟啤酒不同，朝日啤酒的销售团队可以说是踏踏实实地走着"地毯式"推销路线的。批发商自不必提，大小酒铺、餐馆饭店、电影院、各种剧院、自行车竞赛场、酒吧、夜总会，乃至风俗店，但凡是能卖酒的地方，就一定被朝日啤酒的销售员推销过。

当时的朝日啤酒并没有做面向一般家庭的啤酒，占据其销售额大头的基本都是提供给餐馆、饭店等的商用啤酒。但是，就当时的啤酒市场来看，七成是面向一般家庭的啤酒，商用啤酒只占三成。朝日啤酒的战场只在这市场的三成之内，销售额自然上涨困难。工厂的产能利用率因此下降，过去生产的待售啤酒也大量滞留仓库。

即便如此，朝日啤酒也得想办法避免市场占有率下滑，为此，销售员时常直接"杀到"各个酒铺，从给一般家庭的 20 瓶装的啤酒箱里抽出一瓶麒麟拉格，换进去一瓶朝日的啤酒。有时不止一瓶，还会换两三瓶进去，大胆一点儿的会把箱子四角的四瓶啤酒都换成朝日的，然后拜托酒铺的配送员给客户解释说："是不小心装错了酒。"因为人们那时还没有按品牌购买啤酒的习惯，所以这种胡乱换酒的做法也还行得通。

某个朝日啤酒很有手腕儿的销售员，为了推销啤酒，曾经从早到晚都泡在土浦的一个剧院里。每天他都坐在剧院最前排,最开始先和站在剧院里兜售货物的大叔有了交情,接着又和剧院负责人打好了关系,再后来又有了进入后台休息室的特权,最后甚至成了这个剧院无人不知的人物,融入得非常成功。

演员都管这位营销员叫"BOKU",对他非常友善。这些演员多多少少都尝过了世间辛酸,而这位销售员正好触动了他们的内心。"BOKU好像是朝日啤酒的销售员来着,我们帮他一块儿卖啤酒吧?大伙儿一块儿。""对呀,我们也助他一臂之力吧。"

暂且不论有没有这样的对话,但这些演员每去一家店似乎都会说:"我只喝朝日的啤酒,麻烦换一下。"因此,在土浦,朝日啤酒占据的市场份额一下子上涨了不少。这位很有手腕儿的销售员在1986年的夏天,被调到了"超爽"啤酒的产品开发团队里。提出通过宅急便来发布新产品的,也正是这位在销售第一线摸爬滚打多年的员工。他在10年之后成了朝日饮料公司的社长。

像这样的销售员,在当时的朝日啤酒中有很多。朝日啤酒的过人之处,就是这些销售员有组织的行动。朝日啤酒有着一套针对餐饮店和酒铺的信息共享系统。店铺经营者的家族成员、老板的兴趣爱好、谁掌握决定权、和工会及町内会①的关系等，一代又一代销售员将相关信息收集成册并相互传阅。公司各个分店都可以共享这些信息。

后来成为朝日啤酒社长的荻田伍说："虽然市场占有率下降了，但我觉得在四大啤酒公司中销售能力最强的还是朝日啤酒。严峻的环境反而使我们员工和团队更为强大。在朝日啤酒产品推广的第一线，大家都是群策群力。"

对于靠销售能力苦苦支撑过来的朝日啤酒来说，"超爽"就是押上了全部身家的新产品。如果"超爽"不能热销，那么陷入经营危机的朝日很有可能落入破产拍卖的境地。据说在1984年年中，朝日啤酒最大资方——旧住友银行的"天皇"级人物矶田一郎，已经在暗中和三得利公司的佐治敬三社长商谈朝日啤酒并购事宜了。但似乎三得利对此意向不高，交涉最后以失败告终。

---

① 译者注：类似于居委会的街坊居民自治组织。

被置之不理的报告

"这下可不得了了,'超爽'对我们来说是个大威胁!"太田惠理子曾这样和公司报告。当时她隶属于麒麟啤酒市场部,是心地项目团队的成员之一,同时也负责着市场调查工作。"超爽"发售不久的1987年4月上旬,太田便敏锐地从定期实施的消费者调查中看出,朝日啤酒的新产品"超爽"啤酒将会成为一款了不得的产品。

太田如此报告的时候,听着的那位男性员工完全没把这一观点当一回事儿。"太田,你不是一直都很冷静的吗,这会儿是怎么了呀?'超爽'根本就没什么好怕的。"

"不,从前几天实施的团体调查来看,已经有不少女性开始喝'超爽'啤酒了。也有人说自己的妻子本来喝不了啤酒,但是因为'超爽'一点儿不苦,喝它就没问题,经常一个人在晚上喝到深夜。最近夫妇两人还一起喝。"

太田据理力争着,那位男性员工却一口否定了她的意见:"啤酒花和麦芽带来的那种高级的苦味,才是啤酒的精髓。'超爽'号称提高了酒精度数,所以入口辛甜。但实际上就是和百威一样的是味道单薄的美国式啤酒,根本就不是啤酒正统的味道。对男性消费者来说它不值一提。"

太田反驳道:"这只是你作为制造商的个人说辞,也有男性说自己虽然喜欢麒麟拉格,但妻子喜欢'超爽',还把家里的酒都换了。"

即便如此,这位男性员工仍不接受太田的意见:"女性的力量的确正在不断强大,消费行为也在不断变化。但终究影响不了大局吧。朝日的工厂都停工了,不管他卖了多少也不会这么简单就增产的。过段时间就不会再涨了。"

从太田的证言来看,她还尝试了说服其他人,但无论是销售部还是市场部,公司里的男性员工都无动于衷。前田对此也表现得毫无兴趣,看起来事不关己。前田对此兴趣寥寥也在情理之中,当时他满脑子都是心地啤酒。那段时间心地啤酒馆生意持续火爆,也正因此销售部门才牵头要在1987年4月于全国范围内开始销售罐装心地。

太田对于"超爽"的危机感与日俱增。"麒麟的男性员工那种不重视女性消费者动向的看法是行不通的"。太田仍认为,"超爽"的后援军正是这些迈入职场的女性。1986年,日本《男女雇佣机会均等法》开始实施,大企业中开始出现女性综合职员,女性社会地位也由此提高。在这样的背景下,女性群体选择"超爽"啤酒的意义非比寻常。

太田指出："'超爽'口感不苦，是女性群体喜欢的味道。但它的电视广告又完全是面向男性的。作家兼国际记者的落合信彦，戴着墨镜登场，塑造出了硬汉形象。我觉得'超爽'在这两者中的平衡感非常好。"此前对于家庭主妇来说，啤酒是为丈夫买的。而在"超爽"啤酒出现后，她们也开始为自己购买啤酒了。

前田就"超爽"的成功讲道："顾客对商品（商品形象）的认知和客人实际喜欢的口味之间是有偏差的。或许是偶然又或许是计划为之，'超爽'成功的一大原因，就在于它巧妙地利用了这一偏差。和超爽这一名字相符，它塑造的品牌形象是男性化的，味道比主流啤酒'拉格'更清淡，没有苦味很好入口。顾客实际上的喜好正呈现出轻量化趋势，对商品却要求其形象更为硬朗。我认为正确认识这种偏差，才是理解顾客心理，创造出热卖商品的法门。"

"'超爽'啤酒大火的导火线，是一场将麒麟'拉格'换成'超爽'的作战。"太田说。为"超爽"创造出爆火契机的仍是朝日的销售团队。他们亲自去每一家酒铺，请求店家将麒麟"拉格"换成"超爽"，就算只换一瓶也可以。在如此兢兢业业的努力之下，才有消费者发现了超爽的优点。据说，最初是从世田谷区和杉并区的家庭主妇们开始，超爽啤酒的这股风才刮了起来。

销售团队脚踏实地的努力，换来了朝日啤酒的重生。

或许在此之前，麒麟就预测到了超爽将会成为热销产品，但这一观点却被抛在脑后，不被认可。

前田和太田的顶头上司桑原，在 1983 年就任麒麟啤酒市场部部长。同年，他提出了一份报告，其内容十分具有冲击性。他以严谨的消费者调查结果为基础，基于目前麒麟拉格啤酒的购买率不断下降的趋势，以及随着单身人士增多，配送啤酒到家业务的业务量也不断减少的事实，预测出了麒麟即将出现颓势。即便实现了麒麟拉格啤酒的更新迭代等，麒麟原本超过六成的市场份额也很可能掉到 52% 左右。

"麒麟这艘大船迟早有一天会翻。"桑原还任神户分店店长的时候，就如此断言。而上述报告，则用严谨的调查数据，为桑原的观点提供了支撑。但麒麟内部仍沉浸在安稳的繁荣景象中，把桑原的报告当作一种危险的思想而不置可否。然而，现实的发展正如报告所预测，麒麟啤酒在之后走向了衰落。

住友银行的来客

1985年年末，因为阪神老虎棒球队大获全胜，朝日啤酒总算避免了市场占有率掉到业界第四。某天晚上，三得利的第二任社长佐治敬三正和几个40岁上下的年轻干部在银座一家酒吧喝威士忌。突然，电话响了起来。佐治听完后将话筒先放在一旁，和干部们说道："这回要从住友银行调去朝日啤酒当社长的人搞清楚了，是个必须警惕的人物。"

"怎么说？"

"他可是个脚很勤快的人，肯定不会一直老老实实蹲在社长办公室里的，一定会有所行动。"

"所以，到底是何方神圣？"

"樋口广太郎，现在还是住友银行的副行长。"

1971年以来，旧住友银行就开始派人担任朝日啤酒社长，到樋口已经是第四任了。1986年1月7日，樋口广太郎从旧住友银行副行长一职调任朝日啤酒的顾问，之后在3月28日出任朝日啤酒社长。这一年，樋口60岁。

就任朝日啤酒的社长之后，樋口把东京的酒馆和餐饮店全都亲自拜访了一遍,据说时常一晚上走访20多家店铺。"我是朝日啤酒的新任社长樋口广太郎。请您日后多关照。"每去一家店,樋口都会用微哑的声音如此打招呼,笑容满面地递出自己的名片。之后他会再深深地鞠上一躬,腰几乎每次都会弯到额头能与膝盖接触的程度,他矮小的身体此刻仿佛都要对折成两半。

樋口出生在京都的一个商贾之家,生来就有做商人的天赋,不仅脚勤快,腰也能弯很低。和只向大酒铺推销的麒麟啤酒不同,朝日啤酒的社长特意亲自问候卖酒的店家。因为没有事前预约,店主们见到樋口亲自拜访都惊讶不已,甚至不少人因此成了朝日啤酒的粉丝。

配合社长换届,朝日啤酒推出了"朝日生啤"。新款啤酒在2月19日上市发售,成了当年的爆款产品。托此之福,朝日啤酒1986年的销售额同比增长了12%,大幅超出了业界四大啤酒产商平均销售额增长率的5.9%。其当年所占市场份额也回升到了10.1%(1985年为9.6%),时隔5年回到了10%以上。

而朝日生啤能取得如此战果,得归功于一场从1984年夏天持续到1985年的市场调查。该调查在东京和大阪地区开展,各以5000人为对象,调查了这些消费者的嗜好。樋口之前的一任社长村井勉,在一次和各部门部长召开的非公开读书会以及之后的酒会上说:"让我们回归一次原点,去彻底调查一下顾客到底想要什么样的啤酒吧。"从此定下了调查的基本方针，只是当时的朝日啤酒并没有可以支持大规模调查的资金。于是，员工们就干脆站在一家家酒铺门前，向客人们分发问卷进行调查。朝日啤酒就是这样，将"消费者的心声"全部收集起来，与针对一部分"站在时代前端"的人进行调查的"心地"相比，在方法上是截然相反的。

从这次调查中，朝日啤酒发现：大多数喝啤酒的人，都想要一种口感清爽容易入口的啤酒，且这一倾向在20岁到30岁左右的人群中更为明显。消费者的喜好，正在不知不觉中改变。原因是日本人的饮食结构正在逐渐发生变化。从20世纪60年代到80年代的约20年间，人们的油脂消费量已经翻了两倍。从前以鱼肉为主的日本人，随着经济的高度发展，也开始吃牛肉等其他肉了，其饮食结构变得不断西化。实际上，从明治时代日本从德国学到了啤酒酿造技术之后，直到20世纪80年代，100%麦芽酿造且味道厚重的德式啤酒一直都是日本市场上的主流产品。因此包括朝日啤酒，业界四大啤酒商都倾向于生产味道厚重的德式啤酒，而消费者却已经开始偏好口味清爽的啤酒。两者之间便出现了偏差。

朝日啤酒技术部门当时的领导人说："从明治时代开始，日本的啤酒就都是苦味强烈的。但当时的消费者们喜欢以百威为代表的美式啤酒，希望有一款口感清爽且喝不腻的，即便吃了很多肉菜或比较油腻的食物喝起来也不会很有负担的啤酒。"实际上，朝日啤酒由此开发出的"口感清爽的啤酒"，即朝日生啤，也确实如预期一般成了爆品了。

当时，朝日啤酒其实还进行着另一个新产品开发项目。项目的代号为"FX"，目标是生产出比朝日生啤更加口感清爽纯粹且好入口的啤酒，目标人群则是二三十岁的年轻人。经樋口同意，FX 在 1986 年 6 月开始投入生产。但是因为朝日生啤销量正盛，出于担心同类型产品 FX 发售后会导致自家的两款商品"自相残杀"，在之后的三次公司经营会议上，FX 的发售计划都被驳回了。尤其是朝日啤酒的销售部强烈反对，他们认为："这么久以来难得有一款畅销产品，决不能自缚手脚。"

意见分歧的结果，就是直到当年的 11 月底，FX 的发售计划才最终确定。还是樋口在背后为产品"撑腰"，发售计划才在经营会议上通过。而且发售范围也不是全国，仅限于关东地区。而 FX，就是后来在日本产业史上留名的热销品——超爽啤酒。只不过在当时，没有一个人预料到日后的这一局面。

果敢决断的领袖

1996年7月，樋口曾对笔者说："重振朝日啤酒，并不是我来的真正目的。我其实是来收尾善后的。矶田先生（矶田一郎，旧住友银行原行长）虽然和佐治先生（佐治敬三，三得利公司的前任社长）提出过收购朝日啤酒的计划，但最后没能谈拢。我就是已经计无可施的矶田先生送来朝日啤酒收尾善后的那个人。这才是真相。"

樋口随后又说："但我真的调来朝日啤酒之后，才发现这里有数不清的优秀人才。根据《过度经济力集中排除法》的条款，过去的大日本麦酒公司被拆分成了朝日啤酒和札幌啤酒。也就是说，在当时GHQ看来，啤酒产业是和钢铁产业一样的尖端产业，理所当然地聚集了众多优秀人才。于是在公司彻底倒闭前，我想着要不就跟这些人一起拼一把吧，结果还挺不错的。"这些重要的话，樋口说得风轻云淡，而且说得快活、明朗且有趣。他就是这样一个人，回过神来才让人发现已经被他散发出的气质感染了。

樋口对待员工非常严格，发起怒来经常犹如落雷一样。

据说，一旦有看不过眼的地方，他就会立刻发作，怒气冲天地斥责下属："你在干什么！"而一旦发怒，平时客户和记者们所见的，眼镜下的温柔目光就会瞬间消失，他会像烧开的热水壶那样暴跳如雷，简直如换了个人似的。

朝日啤酒当时的一位技术部门的骨干回忆："樋口先生当社长的时候，可是相当恐怖的。我们这些人都经常被他怒骂，每次都会被吓得汗流浃背。汗出得太多，有时还会大老远从京桥的总公司跑到日本桥的三越百货买换洗衬衫。但是每次被大骂一通过后，都会被叫去单独谈话，樋口先生会接着说些'刚才抱歉了，对你发火主要是因为我对你期待很高'之类的话。所以我们虽然经常被骂，但是依旧很有动力继续努力。"

樋口曾经在位于白金台的家中，向笔者说："我初来朝日啤酒的时候（1986年1月），可以说是四面楚歌。周围人的目光都带着敌意，想看看这回从住友银行来的这个男人又要搞些什么花招。但之后，我还是好好指导、锻炼了他们。"朝日啤酒是曾和大日本麦酒公司挂钩的"名门"企业，在朝日生死存亡之刻担当大任的樋口，必须铁石心肠地经营谋划才行。

1987年3月17日发售的"超爽"啤酒。因为发售时打出了"爽口"的卖点，所以一经开卖便十分畅销。4月之后，其销售范围进一步扩大，5月中旬已经在除冲绳地区的全国范围内销售。而这一好景，来源于樋口定下的"闪电战"式的销售策略。多次亲自去酒家拜访的樋口，用极为敏锐的感知把握住了市场反应。

最初，超爽发售当年的销售目标仅为 100 万箱，但 5 月之后，这一目标开始不断更新了。朝日的生产线也渐渐从以朝日生啤为主，转向以超爽为中心。而且由于超爽人气太旺而供不应求，樋口还下达了"朝日啤酒员工不许喝超爽"的指示。在发售当年的年底，超爽的销售额达到了 1350 万箱。

这一数据，已经远远超过了上一年度由三得利公司的新品万志啤酒创下的新产品首年度最高销售额 184.9 万箱。这只是朝日啤酒随后势如破竹般进攻的序章。

与鲁莽仅一线之隔的大胆投资

1987年前后涌现了诸多热销产品。例如，三菱电器公司发售的除螨吸尘器"螨虫克星"和大型电视机，花王公司的粉末清洁剂"Attack"，在年轻女性中间人气超群的被称为"女大学生诱捕器"的本田序曲（Prelude）汽车（第三代），1986年发售但在1987年爆火的富士胶卷公司的胶卷"随身拍"，1986年10月麒麟发售的"午后红茶"，1988年1月迎合大型轿车潮流发售的东风日产西玛汽车等，不胜枚举。就连前田的心地啤酒馆，也是在1986年10月开张的。

为什么在这一时期，会涌现出这么多的热销产品呢？一位百货公司的管理者说："在美国，如果经济比较好，就能卖出去很多家具、餐具或日用品。"而在日本，则出现了经济发展期会催生出大型热销产品的趋势。这可能是因为20世纪80年代的日本仍旧实行终身雇佣制，即便经济不好人们也不担心被解雇。因此在经济好转时，人们就会更多地把注意力放在有特色的新产品上。

在历经了第二次石油危机之后,经济相对持续好转的20世纪80年代前期,马自达汽车公司的"323汽车(红色款)"、VHS格式的家用录像机、DVD光盘、日本电气股份有限公司生产的电脑等,都在那一时期大火特火。把日式蒸馏白酒和碳酸饮料混在一起喝的"Chi-Hi"之风也是那时兴起的。"新"成了这一时期的特征。在经济向好时期,人们对新事物也越来越宽容。

麒麟啤酒企划部部长山田精二说:"前田先生经常说步子不能迈得过大,保持好迈出半步,或者一小步的方式前进更为重要。"但在风云变幻莫测的1987年,这半步的步伐也需要迈大一些。在1985年《广场协议》签订时,日经平均股价指数约为12000日元,到1987年9月,这一指数已涨到25000日元,是原来的两倍多。虽然在同年10月19日发生了"黑色星期一"事件,世界股市崩盘,但对日本经济影响不大,日经平均股价指数在1989年12月29日年终收盘时达到了38957.44日元,创下历史最高纪录,几乎可以算是一路飙升。

因《广场协议》出现的日元升值,再加上因资源流动过剩而出现的"泡沫经济",使得很多民众相信经济繁荣会一直持续。那些与过去截然不同、前所未有的新商品纷纷热卖的原因或许就在此。

正如太田惠理子指出的"超爽的后援军是女性群体",

当时很多热销产品背后的支持者都是女性消费者群体，这也成了这一时期的另一个特征。即便热销产品层出不穷，超爽啤酒也是其中超群的存在。除去1991年和自家的新产品"Z"互为竞品导致超爽销量低迷，直到2000年，超爽啤酒的销售量都是年年增高的。而其之所以能扩大销售，是因为朝日啤酒不断进步的生产体制。社长樋口果断对生产设备进行投资，这是功不可没的。

1987年夏天，樋口亲自到访了位于柏市的"朝日饮料柏工厂"，该工厂主要生产"三矢汽水"和罐装咖啡等产品。在工厂员工面前致辞时，樋口透露了朝日啤酒不久将在（与柏市邻接的）守谷市建造新啤酒工厂的消息。而当时有关新工厂的建设计划尚未向日本监督官厅的大藏省（即现在的财务省）报备，是只有一小部分公司高层才知道的计划。

或许是因为在员工面前也表现出了超常的服务精神，樋口才不小心说漏了嘴，周围的人因此大惊失色。在此之前，朝日啤酒一直并未在设备上有过多投资。在樋口就任社长之前的10年间，设备投资总额也不过只有约40亿日元。而在他1986年就任后到1990年，尤其是1987年之后，设备投资额飙升，5年间的总额竟超过了4138亿日元。

为了继续扩大"超爽啤酒"的生产规模，朝日不计成本地投入了大量资金，各个工厂连仓库都导入了新的生产设备。1990年，为了建设有着最新生产技术的茨城工厂（位于守谷市，竣工于1991年4月）等项目，朝日啤酒投入了将近2000亿日元的资金。最终，朝日啤酒的生产能力相较于樋口就任社长之时翻了将近5倍。

一位20世纪80年代曾在名古屋工厂工作的朝日高管说："一直以来朝日啤酒的生产设备都是向IHI或日立造船公司订购的，但他们表示赶不上朝日要求的交货日期，于是樋口先生就改向三菱重工订购生产设备了。三菱重工用造船用的设备生产了啤酒的储酒罐，故而能够在期限内交货。三菱重工和麒麟同属三菱旗下，之前我们从未想过还能向它下单订货。就这样，樋口先生打破了一个又一个惯例。多亏了他，名古屋工厂的生产能力比过去高了10倍不止，为朝日啤酒在中京地区的商战做出了极大贡献。"那时，三菱重工的社长是相川贤太郎，后来他成为三菱集团的"巨人"。

泡沫经济刚开始时，资金募集相对容易。这也是朝日能够进行大量投资的一大原因。但这一时期过于大胆的理财和海外投资，使朝日啤酒在泡沫经济崩坏后背负了大量有息负债[①]。这也被称为樋口"负的遗产"。

---

① 译者注：即企业负债当中需要支付利息的债务。

1992年，樋口从社长一职卸任。仅接任社长一职的濑户雄三和屈指可数的几位公司高管知道公司的财务状况已到了令人绝望的地步。1986年到1990年的5年间，据估算朝日啤酒募集的资金超过了4800亿日元，超出其在设备上的总投资。

干啤战争白热化

以超爽啤酒为引领,整个啤酒市场走上了新的发展轨道。1988年2月后,麒麟啤酒、札幌啤酒、三得利三家公司开始纷纷推出和"超爽啤酒"同类的干啤产品,爆发了一场所谓的"干啤战争"。

特别是麒麟啤酒推出的"麒麟干啤",在发售当年就拿下了3964万箱的销售成绩,是1987年超爽啤酒创下的发售首年度销售额纪录的约3倍。虽然麒麟干啤销量喜人,麒麟的衰落仍在持续。或许是麒麟干啤挤占了一部分麒麟拉格的销售额,1988年麒麟的总销售额反倒比上一年度低了4.2%,市场占有率也下降了6.1%,跌至51.1%。

朝日啤酒在1988年,时隔21年重回了业界第二的宝座。另一边,被朝日超越的札幌啤酒则在1989年更换了经营负责人,原负责人因排名下降而引咎辞任了。同样,虽然麒麟和札幌啤酒都在1989年投入研发干啤类新产品,但这时已经可以确定这场干啤战争的最终赢家将是朝日啤酒。

除了朝日啤酒相关人士,所有了解当时情况的啤酒业界人士统一认为:"就不应该再推出什么干啤。"麒麟生产部门的前高管坦言:"麒麟干啤是急急忙忙赶出来的产品,完成度并不高。"札幌啤酒市场部的干部说:"特约批发商那边都要求我们拿出一些干啤产品,我们是迫不得已才研发干啤的。"三得利公司的技术生产部门的干部也说:"因为看到朝日通过制造出超爽这个热销产品一飞冲天了,(三得利公司)就觉得自己如果也这么做就一样有机会成功。结果却丢掉了自己的特色。三得利本来就是一家创新开发型的企业,从想模仿他人的那一刻起就注定要失败。"

因为剩下三家公司都在后续相继推出了同类产品,干啤这一啤酒种类被正式确定下来,但结果只有最先发售的超爽啤酒销量常青。如果其他三家公司都不推出干啤产品的话,超爽啤酒的热度也有可能是昙花一现。

被嫌弃的麒麟

"必须止住朝日啤酒的攻势。"在麒麟啤酒内部终于有了这样的声音。危机感总算开始萌芽，麒麟的销售团队也开始去各个酒铺推销产品了。虽说如此，但哪里有酒铺、那里又有哪些酒铺这些信息，大多数分店的销售员都是一问三不知。因此销售员们不得不从制作所谓的"酒铺地图"开始，他们只能先靠着按职业分类的电话号码簿，坐着轻型货车，一家一家地确认酒铺的实际所在地。

在地图做好之后，他们才正式到一家家酒铺问候并推销。有不少店主都惊讶地表示："还是第一次看到麒麟啤酒的人过来。"这种惊讶倒还算好。有的销售员被店主厉声质问："你这个时候来到底有什么企图？"也有的被店主说教："用这种态度做生意可不行。"还有女销售员汇报说自己被当成不吉利的东西，被店主撒了盐赶出去。

一位 1987 年入职麒麟啤酒，负责关西地区销售业务的员工证言："当时的酒铺等是不待见麒麟的。可毕竟占有六成的市场份额，我们的产品卖得出去。在对接餐饮店方面，麒麟的销售能力是不及别人的。"

　　麒麟的销售能力不及对手，一大原因是害怕违反日本独占禁止法而不敢大规模推销。但随着超爽啤酒一路高歌猛进，麒麟所占的市场份额逐渐下降，便没有抑制销售活动的必要了。1987年以后入职麒麟的年轻销售员，不得不站在挑战者的立场上向超爽啤酒发起挑战。

魑魅魍魉的万魔窟

1987年10月9日,在东京原宿区明治神宫前的十字路口附近的一家大厦的负一层,一家名为"DOMA"的大盘菜馆开张了。它虽然也是麒麟啤酒的直营店,但和心地啤酒馆一样并没有挂上麒麟啤酒的招牌。

20世纪80年代,麒麟采取多元化经营策略,开始向医药等新领域进军。餐饮业作为其多元化事业版图的一部分,由餐饮事业开发部负责。而计划打造DOMA的正是前田仁。

DOMA有着160个座位,门店很大。外在装潢理念是将其打造成有"摩洛哥古城马拉喀什感"的居酒屋。而其内在理念,则是要打造一家"女性居酒屋"。内外设计两种不同的理念,也是前田常用的营销技巧。

DOMA的第一任店长由真柳亮担任。对于他1985年被调为麒麟啤酒事业开发部探索担当一职时的情况,真柳亮回忆:"我调来总公司之后最惊讶的一点就是,大家明明都是一流大学的毕业生,却全都处事油滑,满脑子只想着自己如何才能步步高升。但即便风气如此,前田先生依旧坚守己见,就算打破各组织间的壁垒也在所不惜。我觉得如果前田,或者另一位和他一样的潜力股能够成为未来的社长,麒麟应该会发展得更好。"

朝日啤酒前任社长樋口广太郎,也曾经向笔者说:"那是个(20世纪80年代)经营很艰难的时代。朝日啤酒一开始在应届毕业生里人气很低,因此负责公司招聘的员工不得不到体育类或者艺术类大学去,拜托那边的学生就业部门帮忙招人。但是超爽啤酒爆火之后,一流大学的学生也开始选择来朝日工作了。但其实从升职角度来看,超爽爆火后进入公司的员工反而会面临更加激烈的竞争。上班族也是很难的。"

后来,一位从下属工厂车间调到销售员岗位,即所谓"编外员工"的麒麟啤酒职员向笔者倾诉:"因为超爽啤酒抢走了我们的市场份额,而当时的麒麟又不允许出现目标未完成或者市场份额下降这种事情,所以连我们这些下面车间的员工也不得不写报告交上去,好让上面的大人物有借口给自己开脱。虽然是没有任何意义的工作,但我们人微言轻,根本无法拒绝。明明本职工作就已经很繁重了,却还要接受这种毫无意义的新任务。当时的一线员工都非常疲惫。"

市场份额被别人抢走,却只想着如何为失败找借口。

这种凡事怪他人的"他责文化",也是麒麟的重症之一。实际上,麒麟从此正式走进了困局。各个部门陷入精英主义而发挥不出应有的作用,每天只想着如何争权夺利或者明哲保身。当时的麒麟总公司,正如真柳指出的,已经变成了一个群聚"魑魅魍魉"的"万魔窟"。

啤酒公司的员工,成为有160个座位的大餐馆的店长。这在当时几乎是不可能的。所以在DOMA生意走俏之后,不少报纸和杂志都想对真柳进行采访。而每次采访,真柳都一定会仔细说明:"将这家店的理念从无到有创造出来的另有其人。"或许是因为报纸或杂志的篇幅有限,并没有媒体去采访前田,最终的报道基本上都是以真柳为中心。

那时,真柳32岁。一开始因为有人来采访而高兴不已,但很快就生出困扰,于是他向比自己大了6届的前辈前田倾诉:"明明我都说了事情是仁先生做的,最后的报道却写的像是我做的。不能只我一个人当英雄。下次采访请仁先生你来吧。"前田则微笑着说:"小柳(真柳亮)你本来就应该站在前面接受各种媒体采访呀,店长的使命就是要多在媒体面前露脸,成为'活招牌'。"听此一言,真柳释然了。此前他一直觉得自己抢了前田的功劳,感到于心不安。在职场上,把别人的功绩占为己有的蛮不讲理之辈并不少见,在麒麟也不乏其人。其实,因为常年以来不用费心努力就能顺利经营,麒麟在组织上的功能缺陷被进一步放大了。

一位当时30岁左右的麒麟啤酒员工说:"高层领导里面就有不少抢下属功劳的人,总公司聚满了这些'妖魔鬼怪'之辈。必须得时刻提防被人暗算。"负责新产品开发的市场部员工,也有不少人会把功劳揽到自己头上还扬扬得意的。但前田并不是这种人,他从没想过要让自己成为惹人注目之辈。不过,为了工作他也会自然而然地利用媒体进行宣传。

心地啤酒馆尚在营业时,也有不少媒体想采访前田。但前田都拒绝了,他说:"这话听起来或许有些自大,但我作为店长对接受哪家媒体采访有着自己的考量。"前田拒绝了电视台和周刊杂志的采访。他并不喜欢这些虽然有着短期影响力,但报道太过娱乐化且只浮于表面的媒体。反而对那些刊发数量虽然较少,但采访质量很高的餐饮方面的专门杂志、一般报纸(杂志)的采访是来者不拒。

据麒麟的内部资料《心地啤酒馆》记载,刊登心地啤酒馆开业时期相关记事的刊物主要有《每日新闻》和《朝日新闻》等全国报纸,区域报《东京时报》和其他地方报纸(大多是日本共同通信社旗下的报纸),以及 *BRUTUS*、*GORO*、《Playboy 周刊》、*DIME*、《月刊食堂》和《居酒屋》等。

但 DOMA 接受的采访并没有进行筛选,因为当时

DOMA名义上归别的部门管理，前田并不打算干涉它的宣传战略。但仍有一部分人认为前田有"越权行为"，因为他隶属市场部，实际上却把控着属于餐饮事业开发部的项目"DOMA"。

前田本人似乎并没有把这种批判放在心上，他曾写："想越权，踏进他人的管辖范围，给出自己的各种意见其实是非常困难的，而且稍微做些什么就会被人讨厌。如果对方领导有强烈的领地意识或权力意识，还可能导致非常严重的后果。可问题是，如果不愿说不中听的话，或者害怕起冲突，就无法打破纵向分割组织之间的横向阻隔，也解决不了问题。我们需要有人抱着莫大的勇气在他人领地直言不讳，也需要有人主动'多管闲事'。这种时候不应觉得是越权，而应认为是跨界，是稍微跨过了一条界线而已。如果一个人是抱着这种观点进入别人的领地，心情就能轻松不少。我觉得必须有能淡然地说出'不好意思'的能力。"

第四章 『一番榨』啤酒诞生之日

直言不讳

想办法止住超爽啤酒高歌猛进之势已成当务之急，为了推出能达成这一目的的新产品，在 1989 年 1 月，麒麟启动"一番榨"的开发项目。

当时负责该项目的是专门负责新产品开发的市场部第 6 队，队长就是当时 39 岁的前田仁。前田推进项目的第一步，就是打破公司部门间的壁垒，将公司内的优秀人才集中到一个队伍里。这些在未来承担起麒麟大梁的人包括：1979 年加入公司从技术部门调来市场部的小川丰，进入公司 5 年间一直在名古屋工厂酿造部门工作的舟渡知彦（1984 年入职），入职公司 4 年的女市场营销员福山紫乃，比舟渡早一年入职负责川崎北部地区的销售，后才被调入市场部的代野照幸等。继心地项目之后，望月寿城也参加了一番榨项目。

"一番榨"的广告制作虽然委托给了电通公司，但就连电通公司这边参与项目的人，也是前田亲自挑选的。参与项目的电通立刻提出了建议："朝日拥有超爽，就等于用核弹在战斗。而麒麟这边只有一些小武器能用，麒麟也应该有自己的核弹。"虽然用"核弹"这个词有些夸张，但电通选用这个词，也从侧面体现出了当时啤酒业界商战的激烈程度。在为超爽打广告时，朝日选择了博报堂公司。从这一点或许也能看出麒麟和朝日之间的竞争意识。

"舟渡，要出去了哦！"前田经常边这么说着，边大步流星地走出办公室，大多时候直奔著名建筑设计师、有名广告设计师、调研公司的高管等人的工作室而去。据说，前田和他们漫无目的地聊天，挑的都是些无关紧要的话题，而最重要的啤酒相关事务，不是对方主动提出，他定闭口不谈。因为经常找这些人聊天，前田也时不时光顾酒店的咖啡厅或者青山地区非常新潮的咖啡店。

在路上乘着出租车或地铁时，前田向比他小了一轮的舟渡传授经验："一直宅在办公室里，是想不出来好点子的，想办法收集各种信息更加重要。而信息并不会主动来找我们，需要我们自己出门去找。往往创造力和传播力比较强的人掌握着很多高质量的信息。你得去找到这些人，多和他们接触、交流。"

舟渡出生于滋贺县大津市，从京都大学农学部农艺化学专业毕业后，便进入了麒麟啤酒公司。在被调入前田的团队之前他一直在工厂工作，每天穿着工作服，观察测量仪器上的指针变化，从早到晚时刻监控着产品的发酵状态。

而现在他穿商务套装在东京做着市场营销的工作，变化如此之大，有些不知所措也是情理之中。

在舟渡眼中，前田就是一位仪表堂堂、风姿过人的上司。或许是因为过去当店长时有丰富的待人接物经验，前田在众人面前从不怯场。哪怕对面站的是一位了不起的大人物，前田也能从容自然地与他交流。他会恰到好处地使用基本的敬语，并不会显得过于谦卑，而且总是保持着得体的微笑，给出机敏巧妙的回答。前田的表现，让身为技术人员的舟渡一开始觉得非常震撼。

而令舟渡感到最为震撼的应属前田在公司内的行事方式。其实，前田向来是个直言不讳的人。对麒麟内部的同事，前田也一直无所畏惧，说话总是非常直接。就算面对公司高管级别的人，他说话也丝毫不瞻前顾后。前田在自己团队的会议上曾直言："就是因为有那种想法的老头儿太多了，麒麟现在才不行了。"还毫不客气地点名批评了几名公司高管。

舟渡一方面觉得这样的前田非常可靠，另一方面却也不由得担心他的举止会导致一部分人厌恶他。一开始收到要被调去市场部的通知时，舟渡还为即将能在那位风评极好的桑原先生手下工作而欣喜不已。但就在他正式调职的三个月前（即1988年9月），桑原作为常务董事就职大阪分公司的社长，自此离开了市场部。

当时麒麟公司内部，有着当上大阪分公司的社长之后就会升为总公司社长的惯例。1989年时麒麟的社长本山英世就是在1984年从大阪分店（即后来的大阪分公司）店长升上来的。可以说，就任大阪分公司社长一职，就等于坐在了就任总公司社长的"候车间"。可见，在那时桑原其实是成为下一任社长的最有力的候选人。

虽然没能在桑原手下工作，但前田也算是桑原的弟子。他也是一位非常重视团队成员专业性、个性以及人性的领导。据说，前田曾对舟渡说："千万不要因为自己在市场营销上没有经验而有所顾虑，如果从技术人员的角度上有所发现，请一定告诉我。"对直言不讳到有些"多嘴"的前田而言，桑原是他的后盾。前田能够贯彻他自己的信念，也少不了桑原的帮助。桑原去了大阪之后，按理说前田应小心谨慎些为好，但他毫不在意，依旧如之前一般直接、坦荡。

潮男加入

季节轮换，春意再临。新商品的开发仍处于信息收集和头脑风暴阶段，具体的方向尚未确定。在这期间，有过销售经验的代野还被调去了别的团队，代替他的是入职刚两年的岛田新一。岛田在刚加入公司的 1987 年，就在名古屋的迪斯科舞厅等新潮的店里卖出去不少心地啤酒。也正是因为这一成绩，他才能被调到市场部。

岛田是东京人，从小学到大学一路念的都是庆应系列学校，是精英中的精英。不仅有着职业选手级别的滑雪水平，还在迪斯科舞厅当过 DJ，甚至舞也跳得很好。据说，岛田一跳舞立马就会成为全场焦点，能引来很多女生围观。大四时，岛田曾和从庆应小学开始便是同窗的朋友一同，多次光顾过位于六本木的心地啤酒馆。在 1987 年，他入职麒麟，被分配到了名古屋分店。

岛田经常去名古屋的一家大型迪斯科舞厅，不久就顺利让那家舞厅把啤酒从三得利的都换成了麒麟心地，给公司立下大功。当时的名古屋分店店长非常认可岛田的成绩，对他说："你就如你所想，去尽情地卖心地吧"，并给了他充分的自由。很快，岛田就自己命名并成立了一个新项目——潮人计划。虽然他还是新人，但分店长答应了他的请求，甚至给他分配了两名下属。这两名比他年长的员工，之前在子公司负责到处推销麒麟柠檬的自动贩卖机。

岛田就带着这两名下属，发起了猛烈的销售攻势。而他们瞄准的目标尽是"潮店"。只在迪斯科舞厅、咖啡吧等年轻人爱光顾的店里大力推销心地。回忆当年，岛田说："新潮时髦的店里并没有摆上超爽，在那里我们的对手是产品丰富、酒类齐全的三得利。就是因为我曾以心地为武器，攻下了很多这种新潮的店，前田先生才会选中我。"

而对于岛田的加入，舟渡评价："一番榨项目当时集结了各个领域的优秀人才。但有销售经验的成员是特别的，而这个特别的人换成了岛田。在项目正式开始前，更换核心成员的影响非同寻常。说起来甲壳虫乐队在正式出道前也把鼓手从彼得·贝斯特换成了林戈·斯塔尔。"说来也巧，彼得·佩斯特在之后也继续进行音乐活动，没能成为明星却成了英国利物浦市政府的公务员。而调动到其他团队的代野，在之后也在国外业务上大展拳脚。

"拉斯普京"来袭

"现在的麒麟最需要的是能够对抗超爽的招牌产品。我们企划部也会和麦肯锡公司一起进行产品开发。"突然，麒麟企划部提出了这样一个方案。新产品开发毋庸置疑是市场部的工作，而企划部负责的是组织改革、业务改革和公司整体的预算管理、战略立案等业务。企划部将和本来应处于幕后的外国咨询公司麦肯锡联手，一起进行具体产品的开发一事，在麒麟公司内部也掀起了不小的波澜。

子公司麒麟OB的一位前任高管说："（20世纪）80年代的麒麟，最喜欢和咨询公司合作。总公司的精简化、销售组织的变更、引入成果指向型人事评价体系等，这些公司的内部改革都是咨询公司主导的。而在这些咨询公司里，与麒麟合作最紧密的就是麦肯锡。"或许也有这些改革的影响，企划部提出的这个前所未闻的提案，竟然通过了。于是便形成了前田带领的市场部第6队，与企划部和麦肯锡公司组成的研发团队之间的竞争，公司最后择优而选的局面。企划部和麦肯锡公司共同组成的团队名为"DBS

（Development Beer Strategy）"。其目标是开发大型新商品，将其纳入啤酒商品战略的一环。

当时的麒麟，在商品开发上一直处于困境。1988年发售的干啤产品销量低迷，从1989年2月到4月麒麟以"全线制品战略"为旗号参与商战，连续推出了4个新产品，但都没能畅销。因为推出的新产品接连失败。1989年麒麟时隔22年市场份额跌下50%，只有48.8%，呈现出每况愈下的趋势。

推动"DBS团队"成立的，是当时麒麟啤酒企划部的最高领导，人称"麒麟的拉斯普京"，在公司内部也被评价为"宠臣""军师"。但关于他"去欧美出差只坐机票很贵的协和客机""心安理得地强取豪夺他人功劳""讨好巴结公司里有'天皇'之称的本山英世社长然后狐假虎威"之类的恶评也不少。

彼时，这位"麒麟的拉斯普京"回到总公司不久，此前他被下放到了负责威士忌业务的子公司——麒麟西格拉姆（麒麟SEAGRAM，现为麒麟酿酒厂公司，即麒麟Distillery）工作。说他是"拉斯普京"虽然有些重，但可以看出公司里不少人都对他很反感。而跟他一样有着诸多恶评的人，在当时的麒麟啤酒中不止一位，这也是当时麒麟的黑暗面之一。

虽然表面风平浪静，但麒麟公司内部已不断朽化，如同一栋被白蚁啃噬的腐朽老屋一般。知晓内情的相关人士说："当时的麒麟总公司，管理人员中有不少阴险狡诈之人，简直就是聚满'妖魔鬼怪的巢穴'。只经历过麒麟强盛时期的他们，对目前业绩下滑的局面根本无计可施，反而每天从早到晚只想着怎么保全自己和争权夺势，对公司的业绩只有负面影响。他们就像资本家的放荡子弟，只会争家产、败家财。但不可思议的是，反倒是这些放荡子弟一个个升职加薪，过得很好。那些为了公司拼命努力工作，如同模范孝子般的人才却被踩在脚下。"

公司内部腐化严重，但在业绩稳定的时候，问题是难以暴露出来的。不过，这一情况因为超爽啤酒的出现，而产生了根本性变化。朝日的穷追猛打使得麒麟的根基开始动摇，如此一来，这些"妖魔鬼怪"便坐不住了。只不过对他们来说，公司的利益是其次的，他们最关注的还是如何保住自己的成功和既得利益。在他们看来，超爽啤酒的大火反而是个好机会，利用好这个机会能让他们爬上更高的位置。企划部和麦肯锡公司合作组成的 DBS 团队，正是这一动机驱动下的产物。

"朝日啤酒的进攻过不了多久就会停下来的，而麒麟的市场占有率总会回升的，在这段时间里想办法让自己得到更高的地位才是胜负关键。"或许缺乏危机感的这些人就是抱着这样的想法，热衷于公司内部丑恶的政治斗争。

可是，麒麟的市场份额再也未回到50%以上。

当时麒麟啤酒的社长，是说一不二的专断型经营者本山英世。而越是专断的经营者，身边就越是不缺奴颜婢膝之辈。在本山周围，更是围满了一圈学历极高但毫无实绩的干部。结果，麒麟与成为实力至上主义的企业相去甚远，反而变成了一个社长旁边"奸臣环绕"的企业。

成为销量常青树的条件

麒麟啤酒的状况,令前田仁深深忧虑。知道对手后面站着"麒麟的拉斯普京",前田自然高兴不起来,只不过他并不会在旁人面前表露出他的心迹,他本就是一个情绪藏得很深的人。虽这么说,他也绝非冷漠无情之人,和别人说话时他总是面带微笑且坦率直爽。

前田当时的下属舟渡说:"有人曾给前田先生送来一本名为《回到销量常青树身边的消费者们》(钻石社出版)的书,是千叶商科大学教授熊泽孝先生的作品。但因为前田先生很忙,就让我先读然后再给他说说书里写了些什么。"

《回归销量常青树身边的消费者们》这本书,对好侍公司的百梦多咖喱、格力高公司的百奇饼干等各种各样的长销商品进行了分析。舟渡还在名古屋工厂工作的时候,读了很多发酵学和生产管理相关的专业书籍,这还是他第一次读市场营销方面的书。他带着发现了新大陆一般的兴奋感读着这本书,同时也自己整理了书中的重点,向前田转述:"第一点,要让商品能够传达出企业的信念。第二点,要有原创性,不能'炒冷饭'。第三点,要让商品货真价实。第四点,要让消费者有赚到了的感觉,简而言之就是要有性价比。日本的消费者喜欢性价比更高的产品,而生产者很容易忽视这一点。第五点,要亲民,接地气,个性过于强烈的东西会遭人讨厌。"

听了舟渡的话,前田则说:"这不是很好嘛,就这么来吧!"于是,一番榨的大方向,就这么定下了。因为公司对前田的团队期待值很高,所以给他们的预算也很充足。一位知晓内情的相关人士透露:"因为前田先生喜欢帝国饭店,所以当时开会也时不时就定在帝国饭店的商务套房里。"而参加会议的,并不只有麒麟的员工,以后来成为"巨匠"的艺术总监宫田识、设计师佐藤昭夫为首,各个独立艺术总监、电通公司的制作人和广告策划师等都会出席,参会者经常达到10人以上。

"有来自公司外的广告方面的专家加入进来,也产生了不错的影响。只有麒麟的人在讨论的话,就会局限在麒麟一直以来的思维里。把一番榨打造成只用一番榨麦芽汁酿造的啤酒这种想法,用麒麟思维是想不出来的,毕竟这么一来一定会让成本变高。但在不了解啤酒酿造的人眼中,这就是个很有趣的构想。"舟渡说。而在会议中,每当有趣的想法出现,前田一定用大张便利贴记下来,然后直接贴在商务套房的墙壁上。"在开会时会出现跨越多个领域、诸多分类的各种各样的想法。需要把这些都整理好，然后从中找出一定的方向。前田先生就特别擅长做这件事。"舟渡充满感慨地回忆。

在看完了一墙的便利贴后，前田对项目成员们宣布："我们大型主推商品开发的主题就定为'生啤纯度·纯粹美味'吧。也就是说，我们要把最纯粹的美味，彻底发掘出来。"

啤酒的纯度

前田对曾经在名古屋工厂工作过的酿酒技术人员舟渡知彦要求道："舟渡，请你把在酿造过程中能够提高啤酒纯度的步骤全部列出来。"在前田团队的会议成员中也有不了解啤酒酿造的公司外部人士。因此，必须先向他们说清楚啤酒的制作工序。前田的要求是，把啤酒制作工序中可能与团队开发主题"生啤纯度·纯粹美味"相关的部分挑出来。于是舟渡利用电脑上的电子表格软件，制作了能够详细展示啤酒生产过程的资料，那时使用的还是1989年的软件，没有现在的软件功能多样。为了让外部人士也能轻松看懂，舟渡在制作资料时还下了很大一番功夫。

啤酒制作要经过装料、发酵、贮藏（熟成）和过滤四道工序。在"装料"过程中，先要把麦芽（小麦发芽后进行干燥，再切下来的芽）和大米之类的辅料一同粉碎，再用热水进行浸泡。在浸泡过程中，麦芽当中的酶就会开始活动，将麦芽和其他辅料中的淀粉转化成糖分，最终得到含有大量糖分的粥状糖化液（糖化醪液）。糖化醪液则需要转移到过滤机中进行过滤，滤出的液体就是"一番榨麦芽汁（第一道麦芽汁）"。

往过滤出一番榨麦芽汁之后的糖化醪液中再度加入热水浸泡后，再次过滤得到的产物就是"二番榨麦芽汁（第二道麦芽汁）"。一般来说，把两道麦芽汁混合后一同在锅中煮沸再加入啤酒花，"装料"这一道工序就结束了。在麒麟的酿酒过程中，通常一番榨麦芽汁和二番榨麦芽汁之间的混合比例约为7∶3。

舟渡在会议上介绍完啤酒的制作流程之后，有一位公司外部人士发言："一番榨这个词语触动了我。如果只用一番榨麦芽汁，我觉得或许能做出更纯粹的味道。"

不过，在曾为工厂酿造技术人员的舟渡看来，这个方案属实难以赞同。或许专业酿造技术人员在对待不懂啤酒酿造的外行人时就是比较容易较真，总会觉得对方的方案肯定不合理。他一反常态，立刻否定："确实一番榨麦芽汁的涩味较少且口感高级清爽。但只用一番榨麦芽汁做啤酒是做不出来的。如果不加二番榨麦芽汁，那最后的产额一定会减少，肯定会造成亏损。"

不过，舟渡心里也多少觉得"说不准能行"。大多数不爱喝啤酒的人，都是因它的苦味才望而却步。而啤酒之所以有苦味，除了在制造中用到了啤酒花，也有过滤的原因。因为在过滤糖化醪糟的滤材中含有麦芽的麸皮，而麸皮中又含有很多会产生涩味和苦味的单宁酸，这些都是让啤酒变苦的元凶。只用仅过滤一次的一番榨麦芽汁来做啤酒，或许真的能减少啤酒中的涩味和苦味。

那位外部人士再次发言："一番榨听起来就很纯粹。"舟渡也再次从技术人员的角度反驳道："我作为一个技术人员认为，加不加入二番榨麦芽汁并不是影响啤酒纯度的决定性因素。成品前的最后一道工序'过滤'中有'浊度控制'这一环节。我认为如果要提升啤酒的纯度，与其选择产额减少坚持只用一番榨麦芽汁，不如在浊度控制上下功夫。"

听了舟渡的反驳，那位外部人士依旧坚持自己的意见。只用一番榨麦芽汁来做啤酒这一想法，其实非常符合舟渡列出的"销量常青的条件"里的"要有原创性"那一条。不仅史无前例，而且一旦成功，对手公司也很难复刻，毕竟其难以赢利且回本困难。而且制作成本如此高昂的奢侈啤酒，却和超爽、麒麟拉格卖同一个价格，从"性价比"这一点来说似乎也很符合。

前田估计也是如此评估的。几天之后，前田微笑着对舟渡说："虽然有些对不住你，但我还是决定新产品就用一番榨麦芽汁来做。"不过，前田对产额问题也有担忧。他同时也在考虑要不要把新产品做成和札幌啤酒的"惠比寿"啤酒类似的高价的高级啤酒。提高售价，自然也能一定程度地缓解成本上涨的负担。可如果定位成了高级啤酒，想要成为能和超爽啤酒对标的热销产品就会非常困难。

前田在这一点迟迟未能做出决断，只能暂且同时推进把产品制作成高级啤酒和按一般售价销售这两个方案，商品名也暂时先定为了"麒麟JAPAN"。

在舟渡看来，这个名字和超爽一样在拼写上用的是片假名，非常老套也没有品位。那么前田，为什么会选"麒麟JAPAN"这个名字呢？

干啤 vs 德式啤酒

啤酒酿造过程中的第二道工序是"发酵"。也就是在经过装料后得到的麦芽汁中,加入酵母,使之发酵。在这一过程中,真核生物酿酒酵母通过代谢糖分,生成酒精和二氧化碳。在干啤的制作中,酵母通常会代谢掉麦芽汁中90%以上的糖分。因此在制作中需要尽可能延长装料时的糖化时间,令其彻底糖化以提高麦芽汁的含糖度。同时需要使用能够代谢掉尽可能多的糖分的"贪吃型"酵母(即*发酵力更强的酵母*)。如此一来,成品无论是酒精度数还是二氧化碳含量都会大大提升,所谓的"爽口的"啤酒就是这么来的。

这样制作出的干啤由于口味清爽利口,和大荤大肉或其他油腻的饭菜非常搭,也被称为美式啤酒。另外,与美式啤酒相比,德式啤酒就更为醇厚。德式啤酒通常都是100%麦芽酿造,会控制发酵过程以保留更多麦芽的原香。在装料过程中也不会让啤酒彻底糖化,而是尽量保留麦芽的精华。在制作中,酵母代谢的糖分一般只有60%到

70%，因此口感也会更加浓醇芳香。比起搭配其他的菜饮用，德式啤酒更适合单独品味。

在当年，日本市场上德式啤酒的代表除了在19世纪就开始生产的"惠比寿啤酒"，还有1986年三得利公司推出的"万志"，麒麟推出的"心地"以及1987年由札幌啤酒推出的"埃德尔皮尔森"。虽然不是100%麦芽酿造，但麒麟拉格啤酒在口味上也是被设计成德式啤酒风格的。虽然被干啤的热销抢去了风头，但实际上20世纪80年代相继诞生了很多100%麦芽酿造啤酒的佳品。

虽然在2009年以后问世的一番榨啤酒也是100%麦芽酿造的啤酒，但1990年发售的初代一番榨啤酒在酿造过程中其实是使用了其他辅料的。一番榨啤酒的酿造中，酵母代谢糖分转换成酒精与二氧化碳的比例（发酵度）被设定在80%以上，较之超爽啤酒要低一些。而在苦味上，参考IBU国际苦味指数，则要控制在苦味较强的麒麟拉格啤酒和苦味偏弱的超爽啤酒之间，为此团队反复进行了多次试酿。所有的这些努力，都是为了追求"纯粹之味"。

根据日本当时的酒税法，啤酒的酿酒原料中麦芽的占比要达到三分之二（67%）以上才行，如果不满三分之二，就会被归为发泡酒或第三类啤酒。在2018年4月，酒税法经过修改，将这一比例降到了50%，而且扩大了可添加作辅料的植物果实以及香料的范围。

一滴麦芽一滴血

"前田团队正在开发只用一番榨麦芽汁做的啤酒。"这一消息一经传播,立刻在公司内部引起了波澜。不过其中大多是怀疑、批判的声音。被叫去参加集结了各个工厂和生产部门干部的"麒麟啤酒全日本工厂厂长会议"的舟渡,还突然被老厂长质问:"你真的知道你调去市场部是为了做什么吗?"

舟渡本想立刻像商战小说的主人公一样潇洒地回答:"自然是为了制作出能和超爽对抗的大型商品,为了能赢得更多客人的喜爱。"但是往往现实非常骨感。在前辈面前,年轻的舟渡只能低声下气地应答道:"抱歉……"老厂长则气势更盛、厉声斥责:"我把你送去市场部,就是为了让你在市场部的这帮家伙开发这种乱七八糟的产品时制止他们!可你带头让我们生产第一线的不好做,你都做了些什么好事!"其他厂长也接着说:"负责装料的员工,每次连二番榨的麦芽汁都要过滤到一滴不剩。你之前都在名古屋工厂工作,应该知道他们有多辛苦才对。"

这位厂长所言倒的确是实情。一滴，又一滴，即便是这样一滴滴落下的麦芽汁，日复一日年复一年积累起来的量也不在少数。因为日本对啤酒征收的酒税较高，啤酒公司本就利润微薄。因此啤酒业内不能浪费麦芽汁的观念已经深入人心，更是有着"一滴麦芽汁一滴血"的说法。一番榨只用一番榨麦芽汁来酿酒的方案，会遭到工厂方面的反对，也是情理之中。

与工厂相比，总公司生产部门的干部和高管虽然也并不理解前田的方案，但相对来说更为冷静一些。主要是因为，这些干部和高管全都能切身感受到来自超爽啤酒的威胁，在他们之中有着"必须下定决心研发商品，否则将无法对抗超爽"的共识。而与之相比，工厂的人眼中往往只有生产第一线的事情。如何更有效率地生产，哪怕节省一二日元也好，如何让成本更低，这种内部问题才是他们工作的全部。比起白热化的商战和对手公司热卖的产品，他们的视线更集中在生产事务上。舟渡直接感受到了工厂与总公司两边的温度差，不由得也迷茫起来。不过，他已经不再是工厂的酿造技术人员，而是市场部前田的下属。对他而言，只有"继续追随前田"这一个选项。

公司内部很快召开了一次内部竞标，以决定最终投入商品化生产的，到底是前田团队的"一番榨麦芽汁啤酒"，还是企划部和麦肯锡合作团队推出的新产品。当时，太田惠理子作为市场调研员，仍旧负责新产品的市场调研工作。据她所言，综合多次消费者调查以及公司内部测试的结果，前田团队提出的"一番榨麦芽汁啤酒"方案的得分有着绝对的领先优势。

企划部和麦肯锡合作团队推出的新商品名为"麒麟AUGUST"。从它的命名也选用了片假名词汇来看，其目标一样是年轻人。但最重要的啤酒产品本身还是定位成了干啤。说得好听一些是跟着大卖的超爽啤酒后面出的"保稳"产品，说得难听一点就是毫无创新。虽然如此，包装设计还是质量很高的，据说是出自在日本广告史上留名的大广告设计师之手。从这一点，也可以看出企划部和麦肯锡合作团队的"用心度"，他们也并不是三分钟热度。关于广告代理商，他们选择了博报堂。

前田团队则提出了"只用一番榨啤酒的奢侈啤酒"这一口号。成品既不是清爽的干啤，也不是浓醇的德式啤酒，而是仅仅追求"纯粹之味"。当时产品的名称还是"麒麟JAPAN"，而负责包装设计的是因"丸井公司的红卡项目"驰名的佐藤昭夫以及麒麟设计部的望月寿城，广告代理商则选择了电通公司。

公司内部竞标开始的时间大约是1989年的年末。而决胜场则以前田团队的绝对胜利告终，是一场毫无疑问的碾压性比赛。一位知晓当时情形的麒麟啤酒干部回忆："'麒麟AUGUST'里的'AUGUST'是英语中8月的意思，其语源来自罗马帝国的初代皇帝奥古斯都，他的生日是在8月，因此就用8月作为自己的名字。这也是他在模仿自己的养父尤利乌斯·恺撒，恺撒同样把自己的出生月份7月作为自己的名字使用。企划部和麦肯锡合作团队使用'麒麟AUGUST'这个名字也是因为这个故事，他们想通过这个故事，让人看到这个产品就想起'皇帝'。不过要实现这一目的，必须得解释说明才行，普通消费者是难以直接理解的。"

直诉天皇

竞标结果出来以后，麒麟立马召开了经营会议，在会议上正式决定了要商品化前田团队提出的"麒麟JAPAN"。但是，这也导致出现了另一个问题。据说，这时会议决定的是要把麒麟JAPAN打造成和惠比寿啤酒一样的高价高级啤酒。因为只使用一番榨麦芽汁，所以成本将大幅上涨，前田团队的提案因此招来了工厂方面的强烈反对。所以经营会议决定通过提高商品价格，来抵消成本的上涨。前田虽然也出席了会议，但并没能发表自己的意见。于是在1990年3月，将麒麟JAPAN作为高级啤酒发售的计划就这么定下了。

带着会议结果回来后，舟渡立刻对前田抗议："这并不是我们的胜利，我们的目的应该是制作出能够对抗超爽啤酒的大型主推商品才对。"舟渡虽然一开始反对一番榨方案，但随着商品开发逐步推进，他的思想也逐渐改变。如今他从一番榨麦芽汁中看到了制作出"纯粹之味"的可能性，主张用一般价格进行销售更为合适。

高价的高级啤酒，往往销量有限。三得利公司通过高端款"万志啤酒"开创高级啤酒市场也是很久之后的事情。在 1989 年这一时间点，高级啤酒并不是普通消费者的消费对象。如果不能以和麒麟拉格或者超爽一样的普通售价销售，商品必然不会大卖。

舟渡愤而言道："前田先生，我要直接去找中茎先生（即中茎启三郎董事，是当时麒麟啤酒事业本部的部长）谈判！"前田却把舟渡拦住了："别去，总之你先冷静一下。"对于差点冲动行事的舟渡，前田并没有生气，反而和往常一样态度温和地全盘接受了舟渡的想法。前田其实也认为按一般价格出售更为合适，他清楚地明白如果不这样做，是不能和超爽啤酒对抗的。但是那时前田才 39 岁，还没有能力推翻经营会议的决定。

就在这时，前田领导的市场部第 6 队办公室的门被轻轻推开，有一位大人物走了进来。发现这位大人物后，团队成员皆是一惊。这位大人物就是麒麟的社长，当时被誉为"麒麟的天皇"的本山英世。只见他腰背挺直，快步走向前田，最终在前田的面前停住，开门见山地问："前田，对于今天经营会议上的决定，你怎么看？"前田回答："其实我有一些意见想说。"本山便说："好，那我们俩单独聊会吧。"接着转身走出房间，而瘦瘦高高的前田也紧随其后。

虽然"麒麟是一家经常开会的公司",但那时这两人似乎是随便找了一间空屋站着聊的。上一刻才劝阻了舟渡去"直接谈判"的前田,万万没想到自己下一刻就和公司的经营首脑面对面直接谈判了。

1925年8月出生的本山,此时64岁。因为过去练过柔道,且接受过军事教育,所以无论何时他的背总是挺得笔直。而本山和前田其实私下早有渊源。给前田婚礼做媒的正是本山,本山还在大阪分店当店长时,为他当秘书的正是当时还在大阪分公司总务部上班的泰子(后来前田的妻子)。本山还曾笑眯眯地对泰子说:"你和一个优秀的男人结婚了。"当时前田也隶属于大阪分店,也就是说将前田推荐去刚成立的市场部的人正是本山。

不过前田在开发一番榨时,并没有利用和本山的私人关系。即便在这次直接谈判中,两人也纯粹只聊了些商品如何才能畅销的话题。无论是前田,还是本山,都不会在面对这种能够左右公司未来的局面时牵扯私人关系。作为开发项目负责人,前田冷静地向本山说:"如果不以普通售价销售,必然不能对抗超爽。"只是,成本上涨的商品,如果售价不能抵消上涨的部分,亏损的风险就会更高。这样一来,要避免亏损就必须多销。反过来就是说,如果销量提升,即便成本上涨也还能赢利。如果销量不如人意,损失也会是一笔大数目。也就是说,不提价而是以一般售价销售新产品,是一场"危险的赌博"。

"所有的责任都由我来负!"前田在本山面前如此断言。不过以当时39岁的前田的能力,应该还不足以负全责。这时的他更多的是在这位"麒麟的天皇"面前,展现出自己已经有了觉悟。

在两人谈话期间,原地待命的市场部第6队办公室也充满了紧张的氛围。等着前田的舟渡等人,只觉每一秒钟都像一小时一样漫长。但实际上只过去了10分钟不到。门终于又被打开了,前田和往常一样带着微笑走了进来,却用与往常不同且积极有力的声音说:"新产品将会以一般售价出售,把它打造成高级啤酒的方案会撤回。"听了他的话,舟渡等人开心得手舞足蹈。

几天之后,本山再度召开了一次经营会议,自己担任会议议长并发言:"开发新商品的目的,是对抗超爽。因此我觉得应以一般售价出售,各位怎么看。"虽然问的是"各位怎么看",但在"麒麟的天皇"面前,无人敢有异议。在这次会议上,麒麟企划部门的首脑,主导麒麟AU-GUST项目开发的那位"麒麟的拉斯普京"也参加了。但他也和其他的干部一样沉默不语,不敢发言。在确认了会场中一片寂静,无人发言之后,本山一锤定音:"那么,就决定用一般售价销售。"

前田也参加了这次会议,坐在末席的位置。经营会议结束后,本山便要走出会议室,前田则站起来,对着他深深鞠躬。而本山并没有多看鞠躬的前田,只是和往常一样大步流星地走了出去。

拂晓会议

前田团队的新产品将以一般售价销售，且不会被打造成高级啤酒一事算是尘埃落定了，但是最关键的商品名还未一锤定音。虽然前田很中意"麒麟JAPAN"这个名字，可暂且不说公司内部的测评，在消费者调查中它的好感度得分也很低。与此同时，新商品的发售日期越来越近。因为新产品是要对抗超爽啤酒的大型商品，因此得尽量挑比较容易销售的时间发售。最为适合的是早春时节，那时以赏花活动为首，会举办各种春季宴会，啤酒的需求也会增大。于是发售日期便定在了3月22日。

时间所剩不多，定下商品名字一事刻不容缓。前田把团队成员都召集到了帝国饭店的商务套房开会。公司内部成员自不必说，独立艺术总监和电通公司所属的艺术制作人、设计师等只要和项目有关的人员，都被召集到了一起。

"'麒麟JAPAN'这个名字肯定是不行的，前田先生。"在会议上，一位公司外部的设计师如此严肃地说。前田并没有反驳，而是微笑着认真听取了他的意见。即便自己的意见或者猜想被否定，前田也不会表现出不快。就算有和自己不一样的意见，他也会欣然接受。前田作为团队领袖，从不会特殊对待自己的意见，而是始终保持客观。如果周围人的意见比自己的更为合理，他会毫不犹豫地采纳。

在帝国酒店的商务套房里，会议成员热火朝天地讨论着商品命名。一旦出现比较好的提案，前田就会用大号便利贴记下来，然后"啪"的一下贴在房间的墙上。不过，讨论虽然热烈却难有定案。太阳落下，夜色渐深，会议仍在继续。因此，这次会议在后来也被叫作"拂晓会议"。

"新啤酒是一款只采用一番榨麦芽汁的奢侈啤酒，这也是它的主要特征。既然这样，干脆直接就叫'一番榨'怎么样？"夜色已深，拂晓将至，不知是哪位成员突然提出了这样一个建议。于是前田立马把"一番榨"用便利贴记下，贴在墙上。"确实一番榨是它最大的特征，但是用制作方法当名字这个做法可没有前例。"立马有人一边揉着一晚没睡的眼睛，一边如此反对道。也有人一边忍着哈欠，一边说："'一番榨'这个名字给人感觉像日本酒的名字呀……好像确实有个名字差不多的日本酒。"

实际上，新潟县新发田市的菊水厂的确在销售一款叫作"槽口菊水一番榨"的日本酒。但前田团队的新商品说到底还是啤酒。在一片否定声中，只有福山紫乃一人投了赞同票，她也是团队里唯一的女性成员。她发言："我觉得这是个很棒的名字。"而以这句话为契机，赞同"一番榨"这个名字的发言开始陆续增加。到朝阳破晓而出，阳光从帝国酒店的窗户照进屋内之时，已经没有人反对了。于是，在1989年的12月，新商品的名字就这样被定为了"一番榨"。而一番榨这个名字广受好评，在多次消费者调查中，它的好感度得分都很高。

"实验"的伪装

1989年12月29日。东京证券交易所年终收盘的这一天,日经平均股价指数为3 8915.87日元(收盘价),创下了历史最高纪录。而日经平均股价指数突破20000日元大关,是在超爽啤酒发售之前的1987年1月。在这之后不到三年的时间里,这一数字几乎又翻了两倍。

"突破40000只是时间问题""总有一天能达到50000"……像这样,人们对市场的期待感愈发膨胀。然而,1990年之后股价开始一路下跌。现在回首,或许泡沫经济,不,日本经济整体的最高峰就是1989年的12月29日。

而"一番榨"就是在这种经济下行局面里,进行发售前的准备工作的。在开发商品的同时,于六本木地区开设一家啤酒馆作为一番榨的试售店这一计划也在暗暗进行着,负责该计划的是岛田新一。他是前田团队中最年轻的,过去在名古屋分公司工作时,就曾在迪斯科舞厅等地推销出去了大量心地啤酒。

岛田是个好奇心旺盛的人,但凡有他在意的事情,哪怕只有一点在意，他都会不做到极致不罢休。据说，他在过了30岁之后，如果碰到比较在意的问题甚至还会特意休假，自费前往美国纽约的酒吧去实地考察。一位对岛田比较熟悉的公司同事证言："他是那种明明飞去了纽约，却表现得像是飞了一趟福冈或者札幌的人。"岛田这种人，或许和别的上班族活在不一样的世界里。而这样的岛田，在参与一番榨开发项目的同时，也按照前田的指示在进行试售店铺开业的相关准备工作。

一番榨的试售店的选址和心地啤酒馆一样，也定在了六本木地区。名字定为"啤酒酿造厂西哈诺"的这家试售店，位于当时六本木地标性建筑六本木共同大厦（ROA大厦）的旁边，一家有着阿玛尼专卖店的大厦地下。

店铺面积约为320平方米，有134个座位，店面相当大。室内设计由滨野商品研究所负责。从采用整块玻璃拼成店铺玄关等处可以看出这是一家象征泡沫经济时期的崭新店铺。店内的9根廊柱都用妖艳的灯光装饰，其目的是从这些内装入手，打造出一家高品位又大众的店铺。目标客人以年轻人为中心，聚集在六本木地区的精致都市人群。

回忆当年，岛田说："一直以来，前田先生在推出新产品时都会和它搭配着开一家店。这样就能提供一个能和顾客直接接触的地方。他会尽量避免只通过消费者调查或者纸上谈兵的分析来做出判断，而是尽量在店里倾听顾客的真实想法，了解一般消费者对商品的真实评价，由此再对产品加以改良或进行新品开发。在这一点上，前田先生和其他市场营销员的做法有天壤之别。而且前田先生也是一位非凡的领袖。当时我加入公司仅仅三年，还非常青涩，他却把西哈诺相关的所有工作全权交给了我。"

"啤酒酿造厂西哈诺"啤酒馆赶在一番榨啤酒的发售预定日期1990年3月22日之前，在1990年3月3日正式开业，店名"西哈诺"取自法国戏剧《西哈诺》（埃德蒙·罗斯丹作）。店里通常提供27种啤酒，目标是在尝试酝酿新的啤酒文化同时，不断收集消费者的反馈，从而为商品开发提供指导。对手朝日啤酒则只有超爽啤酒这一张"王牌"。因此，麒麟采取了在多个领域推出多种商品的"全线制品战略"来与之一决胜负，并从1989年开始正式实施。

宣传语为"全新啤酒"的西哈诺，也是为了实行这一"全线制品战略"才开业的试售店之一。西哈诺的卖点，就是在店内可以享用麒麟啤酒旗下全部15种啤酒，而且全是杯装生啤①版本。心地自不必提，仅在神奈川县一小部

---

① 译者注：生啤即经过简易过滤一般散装的啤酒，最大限度地保留了啤酒风味但保质期很短，只有产地才能喝到。超市中买到的罐装啤酒一般是经过灭菌处理的熟啤，相比于生啤会丧失一些风味，但保质期较长。

分地区销售的"心地·ALTO",以及主营产品"麒麟拉格啤酒",在店内都能品尝到它们未经高温处理、风味更为纯正的杯装生啤版本。

对于麒麟来说,麒麟拉格啤酒是特别的。尤其是对公司内部的主要部门销售部来说,麒麟拉格可以说就是他们的"魂"。而前田和岛田特意在自己的店里上架麒麟拉格啤酒的改良生啤版本,也有着非比寻常的意义。对于前田和岛田来说,西哈诺就是他们进行上述"实验"的最佳伪装。他们亲手推出的一番榨,其杯装生啤版本其实也在西哈诺的菜单之中。而在这张菜单里,还包含了很多与众不同、相当出人意料的酒。其中之一,就是"即兴啤酒"。这种酒的有趣之处在于它会和碳酸水进行调配,能配成10度、7度、5度、3度、1度等不同度数,顾客可以自己选择喜欢的度数进行定制。此外,还有"蜜橘干啤""香草拉格""香蕉淡啤"等5种原创啤酒基底鸡尾酒,其中都加入了一些一般不会用在啤酒里的新颖食材。

而这张菜单,其实也是一张为了充分了解消费者的喜好而进行的"实验"菜单。私房精酿啤酒"西哈诺"也是实验菜单中的一道酒品。一般啤酒都是用带把儿啤酒杯或长玻璃杯装的,而西哈诺啤酒是装在350毫升的玻璃瓶中端上桌。而且啤酒的售价一般都为500日元一杯,西哈诺啤酒则卖600日元一杯,售价是和高级啤酒看齐的。

西哈诺啤酒是在岛田主导下开发的。和岛田一同探讨多次后，设计出这款酒的是京都工厂的酿造技术人员松泽幸一。这款酒在副原料中使用了"吟酿米①"，故而虽然味醇且色浓，但后味十分清爽。1988年，麒麟啤酒在京都工厂引进了日本首个迷你酿酒车间（小规模酿造设备），完善了多品种酒的少量生产体制。因此，西哈诺啤酒的生产才成为可能，而且其生产经验也被活用到了麒麟自21世纪初启动的精酿啤酒项目之中。

岛田本人更是成了麒麟精酿啤酒事业的中心人物。2015年4月，一家带有小规模啤酒酿造设备的啤酒店铺"东京春日溪谷啤酒厂"（东京Spring Valley Brewery）在东京都涩谷区的代官山地区开业了。为店铺选址的正是岛田。

西哈诺开业之时，万事俱备，只待一番榨上市。而且从调查结果来看，一番榨大火也是板上钉钉的事。然而，在泡沫经济开始崩坏的1990年，故事迎来了意想不到的状况。

---

① 译者注：即在日本清酒的酿造过程中会使用的一种精碾酒米。

六年败北

在"一番榨"发售的1990年,麒麟啤酒被乌云笼罩着。1989年,麒麟啤酒的市场占有率为48.8%,22年来首次跌破50%。虽说采取了"全线制品战略",接连投入研发了很多新产品,但没有一个成功热销。这也是其市场份额下跌的主要原因。

整个啤酒业可谓是欣欣向荣。与1983年相比,啤酒市场在1984年到1989年这六年间扩大了近30%。特别是1987年推出了"超爽啤酒"的朝日公司,其销售量几乎翻了三倍。在这段时间,销售量减少的公司唯有麒麟。虽然减少幅度只有3%,但和市场全体扩张和其他公司迅猛发展的情形相比,退步就相当大了。在这"败北的六年"里,担任麒麟社长的是"麒麟的天皇"本山英世。在这一年(1990年),本山本应结束任期,从社长一职退下。麒麟多年来经营不善,本山并没有引咎辞职,而是说"能够带领麒麟走出困局的只有我",并将任期又延长了两年(一届)。

本山就任麒麟社长，是在1984年的4月，在1989年3月就即将连任三届任满六年。前任社长小西秀次（1990年为公司顾问）也是连任了3届，当了六年社长。基本上，麒麟的社长都是两届到三届一换，这也是一直以来的惯例。麒麟啤酒本属于三菱财团旗下，是被称作"三菱的金库"的优秀企业。而三菱的传统就是"重视组织"，麒麟啤酒也有着同样的企业文化。因此，哪怕是被称为"天皇"的本山，应该也不能推翻"社长两届到三届一换"这一规定才对。但他的延期申请通过了，这也证明麒麟的组织管理已经出现了一些纰漏。

接任本山成为社长的，本应是公司董事兼大阪分公司社长的桑原通德。桑原比本山小六岁，同样毕业于一桥大学经济学部，也同样是销售出身，一同在朝日啤酒的根据地大阪立下了汗马功劳，并且还都担任过大阪分公司的社长。

一位对两人都很了解的麒麟啤酒干部说："在'敌营'大阪的销售第一线共同奋战过的这两个人，是肝胆相照的好友。当时本山先生经常生病，总是住院疗养。而那时也只有桑原会特意跑到医院去看望他。两人的关系就是这么亲近。"在这两人中间，却出现了一个问题。本山先生负责的是大阪的特约商（批发商），放在全国来看它都是大企业。但是这家店却与桑原先生负责的另一家特约商是竞争关系。结果，大阪的销售版图就被分割成了"本山派"和"桑原派"两个派系。本山先生要延长任期，背后或许也有着不想破坏大阪势力平衡这一考量。

"桑原先生是极为优秀的销售员，也是一位志向高远的经营者。绝不是会阿谀奉承上司之人。因此，他身边才聚集了诸多人才。以前田先生为首，他还培养了很多人才，'桑原学校'可谓名副其实。被称为'天皇'的本山先生则手握大权，身边围绕着众多溜须拍马之人。但桑原绝不会与这些人为伍。桑原先生没能成为社长，或许也有这个原因。单从实力角度来看，桑原先生是毋庸置疑的社长人选。这种人才没能成为公司领袖，对麒麟来说无疑是巨大的损失。如果桑原先生能成为社长，或许麒麟也就不会败给朝日。"

桑原在本山的面前，也曾直率地说出过自己的想法。在本山任期延长一事出结果之前，桑原曾在经营会议上对本山直白地说："再这样下去会输给朝日。"不过在那时，旁边在座的其他干部都只是嗤笑出声，全把它当作戏言。麒麟的市场占有率依然有 48.8%，但对手朝日的占有率不过只有 24.2%。当时麒麟的那些干部根本想不到未来会出现"逆转"。然而，之后麒麟的命运证明了桑原所言才是正确的。

经营不力的责任自然应该由公司领袖来承担。1988 年札幌啤酒公司被朝日啤酒超过，沦为业界第三。1989年3月，其社长就换了人。有问题时社长不负责，干部们也不向社长追责的情景只会出现在机制不完善的企业中。从这之中诞生的，就是名为维持现状的"自保"。这种维持现状，只对社长本人和他周围的那些干部而言有意义。对于企业而言，最需要的是一位能带来良好业绩的社长。作为社长，也应当思考能为公司贡献多少业绩。无视这一点，而把社长的人事任命当成争权夺利的工具，组织必然走向腐败。本山的本心究竟如何，现在已经无从得知。但或许他的内心也暗暗认为，桑原的预言是正确的。只是，最终本山还是继续连任了，而桑原也未能再就任社长。

前田是"桑原学校"的学生，能够雷厉风行地执行自己的计划，也离不开桑原这个后盾。但因为桑原与社长一职失之交臂，前田的话语权也因此受到削弱。另外，围绕在本山身边的阿谀奉承之辈又卷土重来，盯紧了两年后再次开始的社长换届而蠢蠢欲动。

"拉党之人"事件

那是日本新年假期过后的第一个星期二。时间是下午3点,正好是东京证券交易所的午盘刚刚收盘之时。在位于霞关的日本农林水产省大楼三楼的农政大厅,麒麟召开了"1990年事业方针"发布会。登台发言的是麒麟专务董事兼啤酒事业本部部长中荃启三郎。

在会议上,中荃承认了麒麟啤酒的市场占有率已经跌下50%的事实。同时他也表明,麒麟的目标是要重回50%以上,为此将继续强化主打产品"麒麟拉格",并继续实施"全线制品战略"。他宣布上述计划的第一弹,即麒麟拉格啤酒的一个衍生产品"Mild 拉格"将于1990年2月2日,在关东甲信越地区限定上市。中荃介绍,这一啤酒会保留拉格啤酒代表性的苦味,但同时追求更清爽的口感,其建议零售价为每瓶300日元(大瓶装且为含税价),与之前的麒麟拉格价格相同。

在会上,他也提到了在春季麒麟啤酒会推出一款大型商品。但只是轻描淡写地一笔带过。而这款大型商品,正是前田团队开发的一番榨。不过在此时，商品的名字还尚未正式确定。这并不是因为麒麟想要封锁消息。而是因为当时麒麟内部占据主流的还是麒麟拉格，一番榨说到底也只不过是二把手。

麒麟拉格拥有着绝对地位。"麒麟拉格才是市场上的顶级品牌，应该用麒麟拉格来战胜超爽啤酒。"以公司占主流地位的销售部为首，麒麟的高级部门大多都偏向于这样的传统剧本。包括"Mild拉格"，针对麒麟拉格的强化方案都是由市场部第1队负责的。而前田带领的是第6队。在这种部门内的队伍排序上，麒麟拉格和一番榨之间的地位差距也可窥得一二。

作为麒麟拉格强化方案中的一环，市场部第1队举办了大规模的广告宣传活动。宣传活动名为"拉党之人"，"拉党"中的"拉"自然指的是麒麟拉格啤酒。这一年的1月3日，各个新闻晨报都登上了写着"拉党之人"的整版广告。而这一系列广告战略的中心，是从1月16日开始播放的同名电视广告。该广告会在其放映的一整年内像电视剧一样不断展开剧情，在电视界也是首次尝试。虽然以日本软银的广告"白户家"为首，现在这种广告手法已经屡见不鲜，但在当时这还是一种崭新的广告方式。负责广告的制作和拍摄的是著名剧作家金原峰雄，由当时很有人气的松坂庆子担任主演。

每个月改变广告内容，根据季节变化抓住不同诉求的这支广告，在1月9日召开的记者会上也引起了很多记者的关注。据说，那时包括12月放映的最后一支广告，所有广告已经制作完成。

麒麟已经许久未曾开展过像"拉党之人"这样的大型宣传活动了。在它的市场占有率还维持在60%以上的年代，由于顾忌这一数字继续上升会违反日本独占禁止法的规定，麒麟一直不敢再提升销售额。因此，也长期未曾正式投放商品广告。好巧不巧，是在"拉党之人"播出之后不到一天（日本时间为1月17日凌晨），就发生了一起出人意料的重大突发事件。

在广告中出镜的演员胜新太郎，因为非法持有可卡因和干燥大麻，在夏威夷机场被檀香山海关逮捕了。胜新太郎因为电视剧《座头市》成了家喻户晓的演员，他在夏威夷被逮捕一事，自然在日本国内引起了很大的波澜。各大报纸几乎都报道了这件事，1月17日的《每日新闻》晚刊就在社会版头条登出了"胜新太郎疑似携带毒品被捕"的新闻，《朝日新闻》晚刊也一样用"'座头市'因毒品被捕"的标题报道了该事件。因为胜新太郎把毒品藏在了内裤中，晚报各刊和体育新闻以及一些周刊杂志还把这件事十分嘲讽地写作"内裤事件"。

在广告播出后的第二天就发生了这种恶性事件，实在是意料之外。不过麒麟的反应非常迅速，在17日就迅速叫停广告播出。电视界首个电视剧形式的广告，仅仅播出了一日就不得不被雪藏。

根据1月17日《每日新闻》晚刊的报道，麒麟已经在广告上"投入了数亿日元"。除了金钱亏损，宣传计划因为这一恶性事件被迫打乱也是巨大损失。《每日新闻》晚刊同样登出了来自麒麟的回应："因为相信胜新太郎才选择了他来出演，所以更觉遗憾。麒麟遭到了背叛。"

结果，麒麟以麒麟拉格啤酒的销售强化计划为中心的1990年商品战略，被迫进行根本性调整。这一事件，也对麒麟公司高层的人事任免产生了影响。"内裤事件"发生时，本山的社长任期延长一事已有结果，因此对社长的人事任免尚没有直接影响。不过，公司内部却出现了责任承担方面的问题。当时麒麟负责宣传工作的那位干部，被视为未来社长一职的最有力候选人。但因为要为此事负责，他主动向本山提出了辞呈。但这位干部也并不是真的想辞职，辞职只是一种"战略"，他认准了本山的为人，只要自己主动说要承担责任并递交辞呈，他就不会再追究此事。说到底，在这件事上麒麟也是受害者，因此这位干部也理所当然地认为自己实际上没有责任。按照他的想法，辞呈应该会被置之不理，然后承担责任一事也会就此不了了之。但出乎意料的是，本山同意了他递交的辞呈。结果，他不仅没能当上社长，反倒落得个"主动辞职"的下场。

关于这件事，一位麒麟的干部说："那位负责宣传的干部，是本山先生身边的近臣。所以他自以为本山先生十分信赖自己，认为已经摸清了本山先生的性格和行事方式。因此在他感觉到自己对'内裤事件'有些责任时，就觉得如果自己主动提出要负责反倒有利可图。这位干部提出辞呈只不过是装个样子，并不是真的想辞职。他坚信本山先生很信赖自己，不仅不会让他辞职反而会留下他。但他的算盘打错了，令人意外的是，本山先生立刻就同意了他的辞呈。当时麒麟还没有过干部自己承担责任主动辞职的先例，因此这件事还带来了很大的冲击。毕竟那位干部是公司里本山的继任者中排得上号的一位。也因为这件事，就社长继承者的公司内斗也收敛了一些。"

突遭降职

"一番榨的'传道士'就由你来当吧！"前田团队收到了来自全国各地的邀请，请他们多谈谈有关商品开发背后的故事。与此同时，来自各个媒体的采访请求也蜂拥而至。而前田却把处理这类事情的"发言人"一职，交给了比自己小12岁的舟渡知彦。

舟渡说："'为一番榨的开发工作奉献出所有的1989年，也是我人生中工作最热忱的一年。'这句话我在各种演讲和研讨会上说了300遍以上。但本来发言人这个工作应该是前田先生来做的……"在舟渡担任发言人的这段时间，麒麟内部也开始有人认为开发一番榨的人是舟渡。

与前田团队最年轻的成员岛田新同一年（1987年）入职麒麟的上野哲生说："于一番榨发售的同一时间，我从冈山工厂的劳务科调到了北陆分公司，在富山县做销售工作。那时在报纸和杂志上经常能看得到舟渡先生，于是我就觉得一番榨是舟渡先生和岛田主导开发的。前田先生虽然是总公司很有名的人物，但在基层工作的我们并不知道他。"

七年后，上野也成了前田的部下，参与了某项特别产品的开发。舟渡本是一名酿造技术人员，并不是应对媒体采访的专家。而前田让舟渡负责当产品的发言人，背后其实也有不得已的苦衷。那就是前田突然遭遇降职。前田突然遭遇人事调动，被调离了啤酒事业本部下属市场部的第6队队长一职，被调去的部门是此前他从未涉足过的红酒部门。当时，麒麟的红酒事业规模还很小，在公司内存在感薄弱。大名鼎鼎的啤酒新商品开发团队队长前田被调去这样一个部门，在谁看来，都毫无疑问是被降职了。

那么，为什么前田会突然被降职呢？一位知晓内情的相关人士透露："我听说是（之前在公司内竞标中输给前田的）'麒麟的拉斯普京'因为嫉妒前田，要求人事部把前田降职的。"也有别的相关人士证实："当时，销售部和市场部之间关系很差，销售部就想着要把在市场部崭露头角的前田直接踢走。"虽然上述都是来自知晓内情的相关人士的证言，不过都没有明确的证据。然而，麒麟内部当时的权力斗争可见一斑。

似乎也有人在这次人事调动中保护了前田。据另一位后来成为麒麟啤酒干部的相关人士介绍，前田最初要被调去的部门应该是外食事业开发部，是啤酒事业本部的外部组织。虽说在心地啤酒馆，DOMA 和西哈诺等店铺的开设过程中，前田也展现出了他的能力，但最能让他发挥出才能的还是市场部,还是新产品开发。如果被调动到了外食事业开发部,就等于是被调出了市场部所属的啤酒事业本部。一旦如此,想要再回到市场部就难如登天,作为市场营销员的前田仁也就再也成功无望了。

有一位干部察觉到了前田所处的困局,且深感危机。这位啤酒事业本部的重要干部,阻止了将前田调去外食事业开发部的调令。最终,前田虽然被调去了红酒部门,但至少被留在了啤酒事业本部之内。在或许连前田本人都不知道的角落里,这种攻防也正暗暗进行着。

对前田而言打击最大的无疑是他的后盾桑原实质上被踢出了社长的备选名单,失去了影响力一事。"人亦有时节。"这是朝日公司的社长樋口广太郎的口头禅之一。"一番榨"刚刚发售不久的1990年3月底,前田可以说是"正当季",麒麟却把这时的前田拒之门外了。

第五章　跌落神坛

场外乱斗

"开什么玩笑！一番榨不是刚刚开始发售吗？怎么就没货了！"上野哲生刚刚被调到北陆分公司负责销售工作时，就有一位批发商的干部冲着他如此发怒。

"因为一番榨啤酒不用二番榨麦芽汁，而是很奢侈地只采用一番榨麦芽汁进行生产，比其他的啤酒生产量都要少一些，因此出现了供货短缺。"上野只能如此解释，希望对方能够接受。当然，出现供货不足的原因主要还是一番榨的发货量增幅远远高出预期。批发商催着要发货的情形，令人梦回麒麟拉格啤酒销量最火的那段时期。而一番榨的大火，也令麒麟的销售一线气象一新。

上野说："原本从销售部门的前辈那里听说我们是面对朝日攻势的防守方，工作会非常辛苦。没想到我调去北陆分公司之时一番榨发售了，因为它大卖特卖，所以我的工作比想象中要轻松不少。因为一番榨经常断货，反倒是在处理收发货事宜上陷入了苦战。"

1987年从东京大学经济学部毕业后，上野就入职了麒麟啤酒公司。他先在冈山工厂劳务科工作了三年，之后在1990年3月被调到北陆分公司，开始负责富山县的销售工作，成了地区销售负责人。当地的批发商、酒铺乃至饮食店的销售工作都由他负责。而他的每个客户几乎都要求道："你再多带几瓶一番榨啤酒来吧，多一瓶也行。"

当时，就职于京都工厂技术部门的松泽幸一说："1990年和1991年，因为一番榨大火，工厂都是满负荷运转状态。虽然生产一线的负担很大，但大家士气高涨，努力实现增产目标。"一番榨的大火也拉动了麒麟的销售额，1990年的销售数高达2.55亿箱，比上一年增长了10.5%。在这一年实现了增幅超过两位数的只有麒麟啤酒。

因为一番榨的成功，在发售第二年，也就是1991年6月，以前田为首的开发团队还获得了社长本山英世的员工表彰奖（社长奖）。那时前田41岁，在年富力强的年纪获得了职场最高荣光。因为这次获奖，前田也开始在公司内部声名鹊起。

然而，前田那时已经被降职到了红酒部门。一番榨大火特火的盛景，他也只能站在旁观者的角度上欣赏。不过前田并没有因此一蹶不振，以这次降职为契机，他开始自学红酒相关知识。从零开始学习葡萄的品种和产地、土壤环境、与各种料理的搭配程度、红酒的历史等知识。

"天皇"辞任

彼时，日本正处于风云变幻之中。为了制止土地价格继续暴涨，日本大藏省①银行局（当时的）于1990年3月制定了"房地产融资总量规制"政策，规定房地产融资的增长率必须低于贷款总量增长率。房地产泡沫从此渐渐走向破灭。与之相伴，早已"高处不胜寒"的日经平均股价指数也开始暴跌。加之1990年8月，中东地区爆发海湾危机，石油价格暴涨。这给日本经济带来了直接冲击，经济景象逐渐变得一片冷寂。

距离东京证券交易所1989年12月29日年终收盘不过9个月，1990年10月1日的日经平均股价指数就已经跌破了2万日元大关，比峰值时缩水了将近一半。

在经济遭受严重打击的同时，政界亦出现了重大变故。1992年，自民党副总裁金丸信收了5亿日元的贿赂一事被人揭发，最终金丸信辞去了所有政治职务。这一丑闻后来

---

① 译者注：相当于中国财政部，下有银行局与金融局两局，后在1998年改组为现在的日本金融厅。

被称为"东京佐川急便事件"。它使得日本社会上要求政治改革的呼声愈加高涨,加之自民党内部的派系斗争愈加激烈,小泽一郎便牵头组建了新生党。从政界再组之中诞生了细川护熙政权,自民党和社会党间的55年体制亦土崩瓦解。

在日本社会急速冲向平成时代的背景下,麒麟也迎来了下一个时代。在位于品川地区的有"三菱财阀的迎宾馆"之称的开东阁,麒麟与有合作关系的记者们召开了一场联欢会。联欢会上,麒麟社长本山英世突然谈及了自己的去留问题。"相信大家都很关心我之后的去留。"本山说,"我已担任了4届共8年的社长,想尽办法总算是巩固了麒麟啤酒事业的基石。如今市场占有率重回50%的目标确已达到,我也打算从此辞去社长一职了。"

这条突如其来的大新闻,使在场的所有记者都无心继续联欢。本山之后,会由谁来接过接力棒?记者们都对之后的继任者人选无比关心。然而本山的话音就停在了此处,他接着说:"有关后继者的人选,我想在正月里慢慢考虑。"或许因为没有触及关键问题,本山始终和和气气的。而且一向讨厌和媒体来往的本山还十分少见地向记者主动提问:"你们觉得(下一任社长)谁最合适?"

联欢会结束之后,记者连夜守在位于东户塚的本山家附近,但并没能见到本山。一向不喜媒体的本山,即便被记者们连夜守在家门口也不会露面。这也是他一贯的作风。有些偷偷摸摸蹲守在本山家旁边的记者还被本山家养的忠犬麒麟丸（一只柴犬）狂吠了一通，最后只能灰溜溜地离开。

各家媒体只能在搜集不到情报的情况下，对麒麟的下一任社长人选展开预测。就像体育报纸的赌马版块一样，各家媒体纷纷推测着谁会是那匹登上社长宝座的赛马，据此写出报道。其中被押宝押得最多的是啤酒事业本部的部长中茎启三郎。实际上，本山指名要其接任社长之位的恰恰是一匹少有人预测的黑马，猜中的媒体仅有一家。

后继者人选水落石出这天，距离联欢会已经过去了一个月。在1992年1月9日午后，于农林水产省大楼三楼的农政厅召开的记者见面会上，接任本山成为新任社长的人终于揭开了真面目，上台做了发言。

他就是真锅圭作，虽早在1991年成为麒麟专务董事，但在媒体看来他完全不在备选之列。那时真锅60岁，他自1955年从东京大学法学部毕业，就入职了麒麟啤酒。媒体之所以不看好他，主要是因为他出自人事部。而无论是本山，还是前任社长小西秀次，都出自麒麟啤酒中占主流地位的销售部。非销售出身却当上了社长，这还是14年来的头一回。在记者见面会上，真锅做了将要"继承本山路线"的宣言："我将继承本山社长开创的路线，以脚踏实地

第五章　跌落神坛 | 143

地扩大啤酒事业版图为目标。我并不是一个有领袖魅力的人，今后我也打算依旧坚持自我。"

本山为什么会选择真锅呢？在记者会上本山也解释了指名真锅来接任的原因："为了公司的进一步发展，必须推进包括医药领域和生物工程领域在内的多元化经营战略。为此，在人事安排上必须做到让合适的人才在合适的地方发光发热，而真锅就具备这样的能力。"

实际上，主要是因为本山与真锅之间早有密不可分的关系。真锅过去曾因某件事陷入困境，而不得不离开人事部。而在背后帮了真锅一把的，正是那时刚刚当上社长不久的本山。他把真锅调去了神户分店当副店长，而彼时神户分店的店长还是桑原通德。

真锅受此大恩，对本山毕恭毕敬。也就是说从表面上看是"真锅新社长"，实际上是"麒麟的天皇"本山当上了"太上皇"。但是，"本山路线"其实面临着诸多挑战。一位知晓当时情况的干部回忆："和本山先生的判断相反，麒麟的啤酒事业并没有起死回生。"

因此，麒麟开始渐渐走向衰落，陷入了后来被戏称为"第一次暗黑时代"的严峻境况。不过，本山的"太上皇"时期并未持续很久，为了对某件恶性事件负责，本山主动辞去了麒麟啤酒会长一职。

这起恶性事件，就是1993年7月发生的"总会屋利益供与事件"。在职员工被逮捕,严重抹黑了麒麟的企业形象。后来成为麒麟社长兼会长的佐藤安弘,在《日本经济新闻》2005年9月报中连载的《我的履历书》回忆:"7月14日,警视厅第4搜查科的人逮捕了麒麟总务部的员工和前员工共4人,以及总会屋的8人。公司总共给总会屋的42名成员付了'酬金',利益输送的总额达到了4600万日元以上。警视厅揭发的案情虽然也有杀一儆百的成分在,但他们的确做了违法的事情。就在公司内部一片骚乱的非常时期,我才更看清了每个人的价值。有镇定自若毫不动摇的人,也有被惊得六神无主、担心某天自己也被警察带走的人。总之,没人能做到像之前那样轻松自在。"

佐藤于1958年入职麒麟公司。当时正为了子公司"近畿可口可乐"的创立四处募集资金。他同样也不是销售出身的员工,事件发生时,他不过刚刚成为经理担当常务董事。不过在事件发生之后,本山和副社长一同引咎辞职了,他便作为代理副社长,变成了负责总务的常务董事。

一位事件发生时在麒麟啤酒总公司工作的员工证实:"事件被曝光以后,麒麟的干部们都在想着怎么逃避责任,个个都只想着自己。但佐藤先生不一样。他下了决心直面此事,不仅直接担负起了该事件的处理工作,在审判的时候也自己登上证人席做证,还对被逮捕的员工和他的家人加以照顾。可以说是麒麟总公司干部里唯一的'真男人'。"

本山在辞去会长一职之后，也频繁出入麒麟公司。和他一样，这种自己不再担任社长，却还是经常出入公司的情况，在日本企业司空见惯。某家日本企业的一位高管，过去当市场营销员时曾开发过爆火产品，据说，他即使80岁了也经常在公司里露脸，还会到处提意见。

但对于在本山辞任之后组成的新经营队伍来说，本山的存在就很碍手碍脚了。引咎辞职的本山一直在公司里占有一席之地，本身也是公司管理上的一个问题。但对本山，麒麟的干部们却不敢置一词，唯有佐藤一人大胆地站了出来。他对本山直言提醒："因为您已经辞任了，今后请不要再来公司。"很多麒麟的员工，都在心里默默为他鼓起了掌。

笔者曾采访引退后的本山。时间是在"总会屋利益供与事件"发生将近两年后的1995年3月，地点则是麒麟啤酒位于原宿的总公司。采访的主要内容是本山曾就读的旧制开成中学（现开成中学及高中）的相关故事，本山在整个采访过程中都非常放松。不喜媒体一事传闻甚广的本山，还非常少见地主动关心笔者的境遇："你现在成了一匹孤狼了……公司倒闭了你一定很难熬吧。"

那一天，本山将他沉迷于柔道的中学时代往事向笔者愉快地娓娓道来。过去被称为"天皇""鬼"的大权在握之人已然不见踪影，取而代之的是一位在日本全国各地随处可见的和蔼老人。当时，本山69岁。

一位20世纪80年代前半期入职麒麟啤酒，先后做过销售员和总公司职员的麒麟啤酒高管评价本山："本山先生是很恐怖的，不仅对待工作要求严格，对新人也是毫不留情。在他身边总能感到一种独特的紧张感。但我也觉得，只有在这种紧张的空气里工作自己才能得到锻炼。"

在过去麒麟啤酒的市场占有率还保持在六成以上的年代，公司内部是松弛懈怠的。在这样的麒麟里，本山反倒是一股独特的新风。从某种意义上来说，多亏有本山这样严厉的公司领导，麒麟啤酒才能免于全面溃败。本山撒下的种子也在未来开花结果。当初为了实现多元化经营而发展的医药、生物工程、花卉、餐饮等业务，纷纷成了麒麟如今的重要支柱。

本心流露之夜

前田虽遭遇降职但没有一蹶不振,而是继续努力工作。1992年10月16日,前田在涩谷区元山町的东急文化村前,开了一家麒麟直营红酒餐厅"from DANCE"(起舞),只营业到1993年3月20日为止。

"起舞"受到农业上用的温室大棚的启发,用玻璃打造出了极具现代感的空间。店内的菜品主要是能让人轻松品味的欧式菜肴,包括马赛鱼汤、法式汤火锅等。减卡40%的微发泡型红酒"Dance Light"(轻舞)等多种红酒,也只在该店供应。

即便被降成了"弼马温",前田仍旧发掘出了工作的价值。但就算这样,仍有人不肯罢休,对前田穷追猛打。在"起舞"于1993年3月结束营业之后,前田又一次收到了调令,不仅没有官复原职,反而被调去了公司旗下的威士忌制造商"麒麟西格拉姆"(现为麒麟酿酒厂公司)的一个更无关紧要的岗位。而且这回被调去子公司,就等于彻底离开了啤酒事业本部。前田再次回到市场部的可能性,是微乎其微。

这时前田43岁,其"市场营销的天才"之名才刚刚打响,也正是年富力强之时。凭借"一番榨"的功绩,前田本应该被许以更高的职位。但他不仅没能留在市场部,反倒被赶出了总公司,这正是所谓的"枪打出头鸟"。一番榨的大火,让前田变成了某些人的眼中钉。

和前田同一年(1973年)加入公司的松泽幸一,在1992年夏天从京都工厂被调到了经营企划部,开始在位于原宿的麒麟总公司工作。身为市场营销员的前田与身为技术工程师的松泽,虽然没有在一个团队工作过,两人却十分投缘。前田一般被人叫"仁先生"或者"前仁先生",但前田和松泽两人却是以昵称"小前""小松"互相称呼的。

在前田收到去子公司的调令之后,他曾约松泽去喝酒,两人定在"起舞"附近碰头。虽然那夜正逢倒春寒,但涩谷街上照旧人头攒动,来来往往的都是年轻人。两人穿过人流,走进一家小巷中的小酒馆。酒过三巡之后,前田带着醉意说:"麒麟,一家多么残酷的公司呀……"

被调动到红酒部门之时,前田尚未发愤愤不平之语。但这回又被调到子公司,实在令他再难忍受。对着挚友松泽,前田将愤懑与对公司的不满尽数宣泄而出。而松泽则充当起了安慰者的角色,他用冷静的声音劝慰前田道:"小前，你一定要坚持住，千万不要自暴自弃。公司离不开你的时候一定会来的。"两人走出酒馆之时，涩谷的夜晚依旧熙熙攘攘。

突然，不知从何处传来了当时刚刚发行的兰尼·克拉维茨（Lenny Kravitz）的新歌 *Are You Gonna Go My Way*，在升调了的独特电吉他前奏旋律过后，"I have come to save the day（我生来是为了拯救世界）"这句歌词在前田的耳边响起。这一句，仿佛道尽了前田的人生。

朝日的陷阱

"生啤销量 No.1"这句在麒麟看来无比刺眼的话，正是朝日在1995年2月到3月期间打出的超爽啤酒的广告词。除了电视，这句广告词也出现在报纸和杂志之上。当时，任朝日啤酒市场部次长兼宣传科长的是二宫裕次。他在2002年3月接受笔者采访时，曾坦率透露了这条广告相关的故事。采访时，二宫已经作为执行董事，升职成了市场本部部长。

"对朝日来说，这是一场听天由命的赌博。我们瞄准的是麒麟的失误，也就是说目的是诱导麒麟做出错误的营销选择。打出'生啤销量 No.1'的广告，就是希望刺激麒麟，诱使他们制定出对策。具体来说，就是希望他们会自己把市场第一品牌麒麟拉格的味道或者对啤酒本身进行改动。我们使用广告打情报战，就是一种'谍报战'。"

超爽，在1988年就已经成了生啤销量第一。也就是说，朝日是在已经成为"No.1"6年之后，才打出了这条广告。而在这个时间点如此行动的目的，就是动摇麒麟拉格啤酒的根基。

1888年就开始发售的麒麟拉格（当时的名字为"麒麟啤酒"），有着一大批中高龄男士的"死忠粉"。这一批人坚如磐石，超爽啤酒想尽办法也未能使之"瓦解"。于是朝日便为此制定并实行这一"阳动计划"。

不过，如果麒麟沉住了气，计划便毫无意义。或者与预想相反麒麟没有改动麒麟拉格，而是选择借此机会以在年轻人中很有人气的"一番榨"来与超爽啤酒一决胜负，超爽啤酒也会因此陷入苦战。对于朝日来说，这同样也是一场危险的赌博。

1992年9月，樋口广太郎从朝日啤酒的社长之座退位。此时距离麒麟啤酒的社长从本山英世换为真锅圭作过去了半年。接任樋口成为朝日社长的是销售出身的出色员工濑户雄三。其实上一次由优秀员工担任社长，已经是5任社长之前的事了。

此时樋口是单纯依据自己的判断，选择了濑户来继任社长，而并没有依从他的"老东家"旧住友银行的意向。"濑户在公司内部很有声望。虽然（旧住友）银行那边派过来的人我会继续接收，但不会让他们当社长。"樋口曾和笔者坦言。

在社长人事变动上，也只有樋口才会做到如此地步，这也称得上是樋口的功绩之一。但等待着新任朝日社长濑户的，则是樋口留下的大量"负的遗产"。在泡沫经济时期，朝日啤酒积极果敢地进行了大额的设备投资以及海外投资，结果留下了大量的有息负债。

2002年4月，从公司顾问一职刚刚退下的濑户，在接受笔者采访时说："我在1992年末时就任朝日的社长，当时公司的有息负债达到了1.411万亿日元，而这一年公司的综合销售收入也不过9490亿日元，也就是说，公司背负的借款大约有销售额1.5倍左右之多。（在成为社长之前）我给樋口先生提过很多次意见，但终究谁也没能阻止他。"

和很多日本企业一样，朝日也涉猎理财生意。但朝日已经有了包含了本金在内的资产减值损失，必须进行坏账处理。因为当时还并没有规定总公司必须向分公司公示账目，因此知晓朝日严峻的财务状况的也只有社长濑户和一小部分骨干。

濑户提出要实行"提升销售额与效率化（提升市场占有率并每年实现100亿日元左右的成本削减）"路线，花费10年时间来恢复公司财务。直到2000年决定公布净亏损为止，他都在全力以赴使朝日走出财务"泥潭"。

在这一过程中朝日打出"No.1"广告，其实也是在公司经营陷入泥潭之际的选择。也就是说，在这场"听天由命的豪赌"里，如果朝日不能提高市场占有率，便只能以经营危机收场，像日本大荣与日产一样，从此走向衰落也是有可能的。

在"No.1"广告播出10个月之后的1996年1月10日上午9点,坐在朝日啤酒社长办公室里,濑户读到了一条新闻。报道称,麒麟将把麒麟拉格全线替换为未经高温处理的版本,也就是说麒麟拉格即将"生啤化"。读完这一新闻的濑户一下站了起来,和负责"No.1"广告的二宫紧紧握手,激动地说:"好,这下赢定了!"二宫也不住点头道:"对!生啤可是我们朝日的优势领域,是我们的地盘。麒麟这回是自己走到了我们的地盘上来。我们成功诱导麒麟犯了这个大错。这样一来,麒麟的主营产品就会大为不同,那些麒麟拉格的'死忠粉'也会开始离它而去。"对着情绪激动的二宫,濑户更是气势满满地说:"离开了麒麟拉格的那批顾客,我们超爽要全部拿下,让我们一口气攻下他们!"

拉格 vs 一番榨

麒麟内部当时又究竟发生了什么呢？一番榨开发团队成员之一，1995年时还在市场部工作的舟渡知彦说："所有人都很讨厌朝日的'No.1'广告，最讨厌它的莫过于销售部。"

"No.1"广告播出后不久，麒麟在6月进行了一次与以往有些许不同的广告宣传活动"麒麟啤酒1995年夏总选投票"。这场人气投票活动，让消费者通过明信片投票，在麒麟拉格和一番榨中选出更喜欢的一个。

活动的电视广告则由中山美穗和铃木杏树两位当时很有人气的年轻女演员出演，中山属于"麒麟拉格加油队"，铃木则是"一番榨加油队"，两人各自为两种产品宣传助威。

投票的最终结果虽然没有公布，但据说一番榨占据了绝对优势。第二年3月，已升任为专务董事的佐藤安弘看了投票结果之后说："卖消费者喜爱的产品才是我们制造商的使命。"并向公司提议，要把一番榨作为公司的主打产品。

但当时啤酒事业本部的核心部门,即销售部的想法却与此大相径庭。他们毫不相让地主张:"一番榨之所以得票更多,是因为投票的人大多是20多岁的年轻人。麒麟拉格的潜在粉丝还是很多的。"结果,销售部反倒进一步加快了"麒麟拉格促销运动"的进展,依旧以麒麟拉格啤酒为中心展开销售。

如此无视调查结果,沿着既定路线一意孤行,又何必花费大笔资金制作投票广告?像这样,在到底应该把麒麟拉格还是一番榨当作主打产品销售这一问题上,麒麟内部的意见混乱至极。

舟渡说:"一番榨,在以东京为首的首都圈内具有压倒性的优势,尤其是在超市里,其销量完全碾压了超爽啤酒。但是,在关西地区麒麟拉格和超爽啤酒更强一些。不过我认为,再过一小段时间,一番榨一样能拿下关西市场。"

正如舟渡所言,超爽啤酒虽然在东京地区大红大紫,但要想红遍全国还需要一定的时间。因此在最终结果水落石出之前,只能一边慢慢等待,一边努力培养品牌。

实际上,只在销售第一年的"试用期"内大卖特卖的产品比比皆是,但在泡沫经济时期以后发售,并且在之后的市场上成为啤酒类标杆产品也只有超爽和一番榨。

不过,麒麟有着名为"麒麟拉格"的市场 No.1 品牌。

它不仅为麒麟带来过繁荣,也为几乎所有员工都带来过"美好体验"。尤其是对麒麟的销售团队而言,麒麟拉格就等于他们的灵魂。正是这样的成功体验,让麒麟迟迟难以舍弃。

生啤化的失败

没能在朝日"No. 1"广告面前沉住气，成了麒麟最大的痛处。在1995年8月10日，啤酒业界夏季的商战刚刚结束之时，发生了一件事。

以首都圈为中心销售的麒麟广受好评的新产品"太阳与风之啤酒"，被发现其中混入了杂菌。虽然混入的杂菌即便喝下也对人体无害（嗜啤酒梳状菌），但导致啤酒变得混浊，甚至出现异臭。混入原因主要是生产该啤酒的取手工厂，在过滤工序中用于清洗杀菌的水泵出了故障。

麒麟迅速召开了记者见面会公开道歉，并立刻停止销售，收回所有已出货的产品。平日里向来温厚的真锅社长，在工厂长会议上因为这件事怒火冲天。自1993年的"总会屋利益供与事件"后又发生了一起恶性事件，这令麒麟公司内部人心惶惶。在这一背景下，销售部决定继续加大对麒麟拉格的促销力度，最终提出的方案就是"麒麟拉格的生啤化"。

对此，市场部持强烈反对意见，主张："麒麟拉格是有一批固定粉丝的，如果改变了它的味道，这些粉丝也会离它而去。而且，麒麟拉格尚且还能稳居啤酒中 No.1 的位置，没有必要急急忙忙地改变它的味道。"而且市场部还就自己的意见整理好了资料，在全国分店店长会议上分发，希望能够阻止商品战略的改变。

然而，这些依旧未能阻止一意孤行的销售部干部们。一位当时在总公司上班的干部指出："在公司风雨飘摇之际，比起正确的意见，谁的声音更大谁的意见更容易被通过。比起有理有据的提议，有冲击力的提议更容易被采用。"当时的事态发展，正如他所言一般。"麒麟拉格如果不生啤化，就没有抵抗之力。"销售部的干部们和一些大城市分店的店长们，一个接一个发出了这样的声音。

当然各个销售第一线或许确实面临着严峻的情况，但这种声音究竟能否给公司全体带来利益，又是另一个问题。有时即便不是为了公司的利益发声，只要说的人"嗓门够大"，其提案也能在会议上通过。越是组织机能不全的企业，这种情况就愈演愈甚。

结果，麒麟选择了走"麒麟拉格生啤化"的道路，这也是人事部出身的真锅社长下的最后决定。了解当时情况的多位麒麟啤酒相关人士，众口一词地说："如果和预想一样，1990 年时担任社长的是桑原通德先生的话，麒麟拉格就不会生啤化，麒麟也就不会输给朝日。毕竟桑原先生不仅了解销售，也精通市场营销。"也有相关人士直接将"麒麟拉格的生啤化"称作一场"大乌龙事件"。被他们寄予众望的桑原，在1991年3月就被调去了子公司近畿可口可乐当社长。

1996年1月10日，麒麟拉格即将生啤化的新闻登上报纸。这一天是星期三，但被调任为子公司麒麟西格拉姆市场部部长的前田，却不同往日，早早回到了自己位于川崎市麻生区的家中。换好家居服的前田一反常态，一边不停踱步一边自言自语，全然不见平时冷静的样子。

"孩子他爸，你怎么了？"有些担心的前田之妻泰子问。而前田则以复杂的表情回答："麒麟啤酒好像要生啤化了，这是个致命的错误，是大失败……"泰子回忆当时的情况："前田，他在家里一般不怎么聊工作，但在麒麟拉格宣布要生啤化的那天，突然说了很多工作上的事。想必他心里一定非常在意。"前田看出了麒麟拉格的生啤化，会令麒麟陷入危局。但当时已经被贬去子公司的前田，有心却无能为力。

生啤的真面目

"在日本畅销的啤酒，无非就是'生啤'和'热处理啤酒（熟啤）'两种。实际上，这两种啤酒并没有很大区别。"一位麒麟技术部门的干部介绍："'热处理啤酒'中的'热处理'，其实就是指路易斯·巴斯德发明的巴氏消毒法。啤酒和红酒或日本清酒这些酿造酒一样，都是在酵母和乳酸菌共同作用下酿成的。但在发货之前，把酿好的酒浸泡在 60 度左右的热水中约 30 分钟，就能有效杀灭酒中的酵母和乳酸菌，达到延长保质期的效果。"

在工业上建立起这道热处理工序的是美国的安海斯·布希公司（现为百威英博公司）。他们把瓶装啤酒放在传送带上，让其像冲澡一样在一个箱型装置中被 60 度左右的热水持续冲淋。也因为发明了这一箱型巴氏杀菌设备，安海斯·布希公司在美国西部大开发中大获成功。日本的啤酒公司，也引进了同样的设备将热处理啤酒商品化。其中一个代表性的例子就是麒麟拉格啤酒。麒麟拉格如期爆卖。日本甚至一度出现了说起啤酒就是麒麟拉格这样的时代。但对手公司的一条计谋就让麒麟拉格自毁"长城"。

降低了热处理的温度，减少灭菌数量的啤酒就被冠以"生啤"之名。其实就是通过文字游戏，把这种经过了热处理的啤酒宣传得仿佛没有经过热处理一样。即便宣称是"生啤"，也必须经过最基本的热处理。无论哪家啤酒公司，都会把瓶装或罐装啤酒送入叫作温瓶（罐）机的巴氏消毒设备中进行消毒。而且为了防止瓶壁或者罐壁遇冷凝结水珠，需要加热到40摄氏度左右才能贴上标签，再装进纸箱运上卡车。

其实，在海外，生啤和热处理啤酒之间并没有区别，只有日本会对它们加以区分。也就是说生啤，其实本身就是日本的啤酒公司为了营销创造出来的概念。麒麟却把本来好好的热处理啤酒麒麟拉格进行生啤化再销售，最终失败了。这是中了对手的计策，采取了错误应对方案的结果，对麒麟来说这也是黑历史。

朝日先采取了"麒麟在罐装啤酒和生啤上很弱"的激将法给麒麟诛心一击，令麒麟内部渐渐酿成了一种"麒麟也必须拿出生啤产品"的氛围。而随后1995年朝日又用"生啤销量No.1"这"最后一根稻草"来"压垮骆驼"。最终，麒麟对这条广告反应过度，下了"麒麟啤酒生啤化"这一步错棋。

高度同质化的企业

1996年3月，接任本山成为麒麟啤酒社长的真锅圭作，指名由在"总会屋利益供与事件"中挺身而出努力奋斗的佐藤安弘来当下一任新社长。佐藤也并非出自公司核心部门销售部，而是来自经理和总务事务部门，过去还长期是子公司的员工，也算是被破格提拔了。

佐藤的确是麒麟在医药用品等多元化经营上最合适的社长，除了这个原因，真锅指名佐藤来当社长也表明他难以再信任销售部。毕竟之前销售部无视投票活动结果，一意孤行。总之，真锅看中了佐藤在"总会屋利益供与事件"中直面问题并妥善处理的"胆力"。

佐藤自2005年9月，开始为《日本经济新闻》的著名连载栏目"我的履历书"撰稿。根据第23回记述：1995年11月上旬，真锅向他打探了关于担任下一任社长的意向。而且真锅就下一任社长的人选问题，还向当时的公司顾问本山英世咨询过。

2002年4月佐藤在接受笔者采访时，曾就麒麟拉格生啤化回应:"虽然是结果论,但这其实是麒麟最终必然会做的决断。也有人说热处理啤酒拉格之所以生啤化失败,是因为麒麟的技术水平不够……"

麒麟犯下战略错误的真正原因,并不是社长的人选问题,它隐藏在更深层的地方。麒麟是日本代表性的优良企业。因此,在聘用应届生方面也有着很高的地位。长年以来,麒麟几乎都只从几所固定名校中挑选应届生聘用,也就是所谓的"指定校制度"。佐藤入职麒麟啤酒是在1958年,那时的麒麟只聘用公立的东京大学和京都大学等过去的7所旧帝国大学和商科强校一桥大学的毕业生,私立大学中只聘用早稻田大学和庆应义塾大学这种顶级名校的应届生。

关于这一点,佐藤说:"'指定校制度',使得麒麟减少了获得多样人才的机会,催生出了高度同质化的企业环境,扼杀了公司的环境。这一点不可否认。"佐藤是早稻田大学商学部毕业的,也是麒麟啤酒第一位毕业于私立大学的社长。

在团块世代集体进入公司的1969年到1973年,"指定校制度"的范围也扩大到了其他公立大学,以及关西学院、同志社大学和上智大学等几个私立大学。从泡沫经济开始到1992年,各个公司都大量录用应届毕业生,麒麟也向所有的大学都敞开了大门,"指定校制度"也就从此慢慢消失了。

在当时的麒麟，这种变化尚未显现。组织高度同质化带来的也不一定全是坏处。共享着相同文化背景的组织，也有着更容易在同一个目标的引导下团结一致的好处。在目标清晰并向目标全力奔赴的那个年代，组织团结一致能带来更大的收益。

但是，高度同质化的组织往往容易排斥"奇才"或者"创造性人才"，也难以应对环境的变化。另外，这种组织还有回避意见对立或冲突的倾向，更容易无视反对意见，按照最初设想一意孤行地前进。

1995年的麒麟，至少部长以上级别的骨干均高度同质化。这些50岁以上的男性干部，几乎全是一流大学的毕业生。在日本的制造系企业中，麒麟和过去的日产一样，身居高位者全为高学历人士。麒麟还因为麒麟拉格啤酒，有着"市场占有率超过60%"这样的成功体验。获得过一定成功的人，更不喜主动改变。

在泡沫经济刚破灭的1995年，"这种不景气只是一时的，经济总会恢复"的说法大行其道。也是因为当时其实有相当一部分知识分子没能走出泡沫经济带来的成功体验。因此，当时麒麟的骨干们有着"麒麟拉格的销量总有一天会恢复"这种想法也并不难理解。

对这些干部而言，最为头疼的就是如何应对瞬息万变的外部环境。"麒麟拉格生啤化",其实也是麒麟高度同质化的企业"体质"孕育出的必然结果。经此一堑,之后的麒麟便开始注重强化企业的多样性,到 2022 年 4 月,也开始有短期大学毕业的女性职工当上了执行董事。

麒麟的暗黑时代

在"麒麟拉格生啤化"刚刚实施的 1996 年 2 月到 3 月,其销售量还十分可观。但朝日的攻势远高于此,超爽的销量渐渐地追上了生啤化后的麒麟拉格。

最终,对于麒麟来说,那个不愿意看到的瞬间还是出现了。自 1954 年以来,一直维持着啤酒业界顶级品牌地位的麒麟拉格,时隔 42 年将首位宝座拱手让人了。1996 年 6 月,在啤酒销售的旺季,虽然只是片刻,但超爽的销量的确超过了麒麟拉格。"跌落首位"给麒麟带来的打击是无可估量的。麒麟在 1985 年之前都稳占六成市场份额,是业界毋庸置疑的 No.1。也正因如此,它受到的打击才更为严重。然而那些大声要求"麒麟拉格生啤化"的干部,此刻并没有人站出来为此负责。

朝日则愈发如日中天。进一步拉近了和人气大不如前的麒麟拉格之间的差距,继续努力将超爽啤酒培养成名副其实的"No.1"。曾经还面临着存亡危机的朝日,如今已拥有了足以对"市场占有率第一"宝座虎视眈眈的实力。

而且，朝日还悄悄为此做好了第二手准备。

一位朝日啤酒当时的骨干证言："这个作战在公司内部也是秘密进行的，知道这个计划的人不会超过一只手之数。"这一作战是要把啤酒业界的惯例"化不利为有利"。每年的12月，都排满了圣诞节及公司年会等各种各样的活动。市场对啤酒的需求量自然激增。啤酒业界的四大公司都会在12月进行财务结算，每家公司都会想尽办法让财会结算的数字更为可观。因此，四大公司都会在年末增加出货量，这也是啤酒界不成文的惯例。

其反作用就是会导致在下一年的1月，库存待售商品数量激增。而且，1月本身就是啤酒消费最少的一个月。于是，各家公司都会通过在年初减少出货量的方式来应对。朝日瞄准的就是这一惯例。在年初的1月麒麟啤酒也会减少出货量。如果朝日反其道而行之增加产品出货量，那么或许就有机会在1月的某一瞬间成功反超麒麟。为此，在大约三个月以前，朝日就开始悄悄准备此事。先是在1996年的年末，朝日就采取措施使得发货量尽量接近订购量，从而减少了库存量。在此基础上，还尽可能回收了在市场上长久未售出的旧产品。

当时，朝日推进的战略就是"鲜度取胜"。因此，啤酒如果摆在货架上超过三个月都未售出，就会被回收并做废弃处理（现在已经不这样做了）。回收的啤酒在国税厅进行申报后，其酒税便可做退税处理。不过如此一来，出货量（征税数量）也会相应减少。

那时啤酒的市场占有率是按照征税数量计算的。因此，回收的商品越多，市场占有率就会越低。换句话说就是，朝日若想在1月与麒麟一决胜负，其商品的回收量就需要越低越好。所以，朝日才会在上一年的年末尽可能多地大量回收已经上市的旧啤酒。尽管这样一来也会导致1996年的市场占有率下降，但朝日早已有了觉悟，且不惜在此基础上再赌一把。

在1997年，日本正月（即公历1月）假期刚过，朝日立刻动员了旗下所有能动员的卡车，发起了大规模的出货攻势。朝日的出货量，立刻直线飙升。不过，朝日本以为计划万事顺利，却因为是秘密作战反而出了纰漏。一家工厂的工作人员，和往年一样在1月也对旧啤酒进行了回收。因为他虽然收到了要在上一年内把旧啤酒回收干净的指示，却并没有收到在下一年初不要回收的指示。据说，朝日总公司参谋本部的干部还捶胸顿足地懊悔："明明下了指示说回收到12月为止的呀！2月份回收就糟了呀！"即便出了这种小失误，这次秘密作战在大方向上还是如朝日设想的那样成功了。

1997年1月，朝日的出货量达到1030.03万箱，而麒麟则是990.6万箱。虽然仅仅超出了近40万箱，但朝日总算登上了业界第一的宝座。当时的报纸还一齐登出了"朝日首位"的头条新闻,秘密作战大获成功。但在1996年,麒麟和朝日的市场占有率之间仍有15.6%的差距。即便是被朝日在这一时间点超过了,麒麟也大可不必焦虑。然而麒麟受到的"精神伤害"远远超出预期。说到底,公司还是由一个个人组成的组织。出现意料之外的事情,或多或少有些惊慌失措也在情理之中,更何况麒麟还长年占据"No.1"的位置。

对于一次都没有输过的麒麟来说,即便只是1月的一瞬间,"输给朝日"带来的打击都是无法估量的。"好像你们输给朝日了?"听到客户这么说,麒麟的销售员们顿感无比"扎心"。即便解释说只是被超过一瞬间而已,听起来也像是在"死鸭子嘴硬"。无论列举出多少的数据,"败北"的事实也无法被消去。

原本麒麟公司内部是被一种"乐观精神"支配的。"朝日背着很大一笔负债呢,泡沫经济崩坏之后肯定经营困难,总有一天会陷入停滞的。"很多麒麟相关人士都有着这种乐观想法。可朝日不仅没有陷入停滞,反而发起了猛攻。麒麟内部为此百思不得其解,人心亦开始动摇。

"明明不可能会输的。朝日肯定是耍了什么花招。""我自己可是拼命在工作的。拉后腿的一定是其他部门的家伙。"麒麟啤酒的员工各个都患上了类似的"疑心病"。麒麟不得不在这种人心不齐的情况下，和朝日进行商战。结果，1997年麒麟啤酒的业绩只能用惨淡来形容。1997年一年的出货量跌到2.2757亿箱，相比上一年足足减少了10.5%，市场占有率也下降了4.6%，跌至40.2%。

朝日的市场占有率则攀升到32.4%，比上一年增长3.2%。自1958年以来，这是朝日啤酒时隔39年再度占有三成的市场份额。麒麟和朝日的市场占有率差距，此时已缩小到了7.8%。而且，1997年朝日超爽啤酒的年出货量为1.76亿箱（同比增长38.7%），已然超过了麒麟拉格的1.34亿箱（同比减少11.8%）。这次，朝日并不是一瞬间，而是在这一年中都牢牢占据了首位。

啤酒品牌的年度第一，在1953年以来的44年间都从未发生过变化。但此后，日本国内第一啤酒品牌的宝座都被超爽啤酒牢牢占据着。对于麒麟来说，停下了对一番榨的销售，成了另一记重拳。麒麟在生啤化之后的麒麟拉格上集中了大量经营资源，因此便只能牺牲一番榨。麒麟拉格的生啤化，却导致了"死忠粉"们离它而去。正如过去桑原曾经预言的，麒麟此时的境遇只能用"暗黑时代"来形容。

与此同时，前田正在经历"被迫雌伏"之时。他被调往子公司，无论在谁看来都是降职。前田自己心中想必也十分不甘心。即便如此，据说前田仍然全身心投入到了子公司的工作中。前田的妻子泰子评价在麒麟西格拉姆公司工作的前田："去苏格兰或德国出差的时候，前田先生看起来非常开心，比过去在总公司工作时更有活力。"比起被卷入总公司的权力斗争，或许在子公司尽情地做自己喜欢的事情，对于前田来说才更为幸福。

这一时期，前田曾去考察了位于苏格兰斯佩塞的格兰威特公司（The Glenlivet）的酿酒厂。格兰威特公司生产的"单一纯麦威士忌"（完全由同一家蒸馏厂生产且在现地熟成三年以上的威士忌）在日本国内非常有人气，当时麒麟西格拉姆正在进口该公司产品在日本销售。

在考察时，前田还同当地的工作人员一起拍了张照片。后来笔者去前田家中采访时，泰子女士曾给笔者看过这张珍贵的照片。在照片上完全看不出这位后来被誉为"市场营销的天才"在危机四伏的商战前线奋斗的那种严肃的表情。前田看上去全身心放松，脸上洋溢着满足的微笑。

第六章 天才回归

"破坏价格"的冲击

泡沫经济的崩坏,给日本经济带来了无法磨灭的伤痕。"房地产价格必然会涨"这种"土地神话",造就了扭曲的房地产市场。买进一小片土地,再建成楼盘卖出去。房地产开发商在这买进卖出之中赚得盆满钵满,可谓一本万利的买卖。

在东京和大阪等大都市圈里,房地产开发商"囤积地皮"已经演变成了社会问题。勾结黑社会,对不愿意出售土地的土地持有人加以恐吓威胁的事件也时有发生。那时,只要有土地作抵押,从银行想贷多少款就能贷多少款。贷来的资金又可以购入新的土地和股票,土地和股票就会进一步升值。以升值后的土地和股票为抵押,又能从银行拿到更多的资金,当时市场上反复进行的就是这样的交易。这种"印钞术",才是泡沫经济的本质。

不过,在日本不动产融资总量规制政策实施以及日经平均股价指数暴跌之后,这一状况也开始转变。股价和不动产的价格开始全线崩盘,作为理财产品购入的资产价格也开始缩水。不但没能理财成功,反倒出现大量账面损失的企业一个接一个浮出水面。而且，作为融资担保物的房地产在价格下跌之后，担保物价格低于主债权的情况也层出不穷。银行难以回收债款，贷款接二连三地变为不良债权。结果，日本国内金融机构的资产负债表也惨淡不堪。

同时，金融机构的经营环境也在逐年恶化。1993年以后，日本也导入了BIS管制，规定银行自有资产比率需要维持在一定标准以上。自1997年亚洲金融危机爆发，世界经济局势骤冷，日本各家企业的业绩均一路下滑。在这种背景下，1997年11月旧北海道拓殖银行破产，同月日本历史最悠久的证券公司山一证券宣布"自主废业"，主动向金融机构提出停业申请。当时山一证券的社长野泽正平在记者见面会上含泪说"我们的员工没有错"，这场"洒泪见面会"还引起了广泛的社会关注。

就这样，泡沫经济的崩坏走向了结局。在经济形势不断恶化的背景下，以终身雇佣制度为前提构建起来的日本企业，也以此时为分界点出现了翻天覆地的变化。大型企业也开始相继裁员，"自己为自己担责"的时代在不知不觉中到来。"就算今天保住了工作，明天保不保得住也不确定。"这种不安心理，在日本社会中四处弥散。啤酒业界也一样，正处在风云变化之际。

1938年，日本的啤酒销售是"许可证制"，由持有酒类销售许可证的酒铺独家贩卖的。这些酒铺有按定价销售的义务，不得降价出售。在这种严苛的制度规定下生存的啤酒业界，生产商、批发商和零售商三者之间渐渐形成了一种固定模式，即共同分配在限定条件下的有限利润，也就是所谓的"建值制"。

在这种模式下，生产商、批发商和零售商三者之间利润分配的比例大约为7∶1∶2。虽然表面上看生产商占了其中大多数利润，但支付日本高额酒税的也是生产商，故而利润其实也没有看起来那么高。在日本经济高度成长期，啤酒业界一直稳定维持着这一体制。进入20世纪80年代后，啤酒业界各种限制条件开始放宽，波澜也由此出现。

"第二临调（土光临调）"及第二次临时行政改革推进审议会提出要促进酒类贩卖自由化，于是日本国税厅便在1989年6月修改了"酒类销售许可证办理要领"，此后酒类销售门槛便开始分阶段放开。（2006年在日本所有区域均实现了酒类自由销售。）

另外，别的领域也正发生翻天覆地的变化。20世纪80年代以来，因为日本对美贸易顺差不断增加，"日美贸易摩擦"日益严峻。苦于财政和贸易"双赤字"的美国，向日本政府提出了要扩大日本内需和开放市场的要求。因《日美安保条约》，日本国防高度依赖美国，美国的强硬要求日本只能照办。结果，为了给玩具销售商"玩具反斗城"等美国零售企业放宽在日本国内的限制，日本被迫修改了

《大规模零售店铺法》，放宽了开设分店的限制。此后，除美国企业，日本国内大型商超、百货公司开设大型分店也变为可能，这带来的影响远远大于预期。过去在日本各地随处可见的"本地商业街"因此渐渐销声匿迹。

受酒类贩卖自由及开设大型分店的限制放缓的影响，日本啤酒业界的结构也出现了大变化：啤酒销售的中心，从原来的酒铺变成了超市和便利店等零售链条上的企业。这引发了意料之外的问题。1993年12月，当时大型连锁超市企业中实力最强的日本大荣，从比利时直接进口了"卑尔根啤酒"，以128日元（330ml罐装不含税）的价格摆上了货架，开启了商超自有品牌的先河。

一般330ml罐装啤酒在日本的售价均为220日元，而卑尔根啤酒的售价低了近一半。泡沫经济崩坏之后，制度放宽和市场开放的速度直线加快，打破人们认知的低价商品大量涌入市场。当时"破坏价格"还成为一句市场流行语。大荣的自有品牌产品卑尔根啤酒，就是这种"价格崩坏"的代表性产品之一。

然而，财政困难的日本政府，于第二年（1994年）5月增加了啤酒税额。同时，啤酒业界四大公司也一齐提高了啤酒价格，大瓶装（633ml）啤酒价格上调10日元后按330日元（税前价）一瓶出售，350ml罐装啤酒的价格也一同上调为225日元（税前价）。

增税时四大啤酒公司一同涨价是业界惯例，从前的零售商也会遵循此惯例行事，但大荣却并不买账。1994年4月，仿佛刻意瞄准四大公司的涨价行为一般，大荣反而降低了四大啤酒公司的产品售价，350ml罐装啤酒的售价被压到了198日元。这次低价销售，也被称为"大荣冲击"。而挑战低价销售啤酒的并不只大荣一家，其他的大型超市企业也紧随其后降低了售价。此外，随着酒类销售门槛放宽，酒类折扣店也"粉墨登场"了，成为啤酒业界不可小觑的一股力量。以大荣为首的大型超市纷纷降低售价，或许也有要与酒类折扣店对抗的考量。

逢此巨变，麒麟原本的利益分配结构也被破坏了。受"大荣冲击"影响，啤酒不再是统一售价。结果，过去酒铺的定价销售和"建值制"等既得利益体系也开始崩坏。啤酒的定价权，不再属于生产商，而是被大型超市和连锁便利店等大零售商握在手里。

产业结构的变化，也影响了消费者的喜好。在过去酒铺给消费者配送啤酒上门的年代，很少会有消费者在意啤酒的品牌。但当消费者在超市和便利店就可以轻松买到自己喜欢的啤酒时，消费者的消费行为也就出现了变化。他们会在和其他商品比对之后，再选出自己喜欢的品牌来购买。这时，消费者选择的可以是朝日的超爽，亦可以是麒麟的一番榨。

在这种产业结构变化的背景下，20世纪90年代也出现了众多热销产品。受《大规模零售店铺法》修改的影响，以1993年铃木汽车公司发售的轻型高顶车"北斗星"，1994年本田公司发售的"奥德赛"为代表的大后备箱车型汽车相继爆火。因为去大型商超、百货店等购物时，这些后备箱容量大的车就显得非常实用。

不过大荣的卑尔根啤酒，最终以"失败"收场。原因是对市场需求预测不准确造成商品积压在库；另外，进口时运输上选择海运，所以酿造啤酒要经过两次热带地区，这导致了啤酒的口味变差。即便如此，不可否认卑尔根仍是一次具有先驱性意义的尝试。笔者曾经品尝过一次还未发售的卑尔根啤酒。那是在1992年5月，地点是大荣的创始人中内功（会长兼社长）的位于大田区田园调布的私宅。那一天正好《每日新闻》报道了中内买下了日本瑞可利公司股票的特快消息。以笔者为首的诸多记者连夜到中内家采访，中内便从冰箱中取出了卑尔根啤酒招待记者们。笔者当时品尝时只觉得十分美味，其他记者也都给出好评。中内听了之后非常高兴。现在想来，那时笔者喝到的啤酒应该是空运来的。那一天中内心情非常好，或许也在观察记者们喝了啤酒后的反应。

中内是个情绪波动相当大的人，朝令夕改对他来说十分正常。他是那种从不畏首畏尾，想到什么就直接投入行动的经营者。那时,笔者如果对中内用比利时啤酒招待记者一事深加思索,说不定就能做出一条关于"大荣即将发售海外产的自有品牌啤酒"的特快消息。不过,当时笔者的思绪完全被中内买下瑞可利公司股票和大荣将派谁管理瑞可利等事占据了,没继续思考比利时啤酒一事。结果这条特快消息便未能问世,可谓"世上之不如意事十有八九"。生产"卑尔根"的是英特布鲁啤酒公司。之后,该公司经过和其他企业的多次合并,成为现在世界最大的啤酒集团——百威英博集团。

发泡酒登场

"破坏价格"还给啤酒业界带来了另一个变化,那就是"发泡酒"的登场。

1994年10月,三得利公司推出了市场上第一款发泡酒"Hop's"。当时,只有原材料中麦芽的占比(麦芽构成比)达到67%以上的酒才能被称为啤酒。Hop's 的麦芽构成比只有65%,算不上啤酒所以酒税也相对较低。因此成功把价格降了下来,从而很有人气。1995年,札幌啤酒也开始生产发泡酒,"发泡酒市场"开始渐渐成型。

不过,税务局将这样的变化尽收眼底。日本大藏省(现在的财务省)宣布从1996年10月开始,对"发泡酒"进行增税。1995年末大藏省公布的酒税法修改草案中,就有"对麦芽构成比超过50%的产品(即便称为发泡酒)也应和啤酒适用同一税率(1L征税222日元)"这一条。

这样一来,Hop's 也将和啤酒适用相同税率。为此着急上火的三得利,仔细研读了多遍大藏省发出的草案,终于发现了只要麦芽构成比率低于25%,就还能适用较低的税率这一条规定。于是，三得利便自此开始致力于研发麦芽构成比低于25%且口味出众的发泡酒。

在酿造啤酒时，先要把麦芽粉碎后和热水混合静置，让麦芽中的淀粉分解在热水中，再转化为二氧化碳。如果主原料麦芽的占比低于25%，也就等于酵母要吃的"主食"会大大减少。在这种情况下，酵母也会变得不再活跃。因此为了避免这种情况，要用别的东西将减少的"主食"补回来。而负责想办法补回"主食"的，是当时还任三得利技术研究员的中谷和夫。

中谷计划使用"糖化淀粉"来当作"主食"的替代物。所谓糖化淀粉，其实就是以玉米为原料制作的一种麦芽糖浆状的液态糖。中谷后来说，因为时间非常紧迫，不容他再寻找其他候补材料，只能迅速敲定使用糖化淀粉的方案。其实这一决定背后，也有着中谷多年积累下的技术基础。

1975年开始，中谷便以麦芽构成比低于25%为条件，对啤酒酿造方法进行了约一年半的研究。虽然研究的目的不是开发新产品，而是提高生产效率，但终究为中谷收集了很多的基础数据。这项基础研究虽然开展在20多年前，但在这一左右公司未来命运的关键时刻，依旧顺利发光发热。

以中谷的研究为基础，三得利成功以"糖化淀粉为主原料，麦芽为副原料"开发出了"麦芽构成比低于25%且美味的发泡酒"。并于1996年5月28日发售了这款名为"Super Hop's"的新产品。不仅赶在了酒税法修改之前，还成功赶上了啤酒界的夏季商战。

中谷研究出的糖化淀粉酿酒法，在2003年对"第三类啤酒"中的研发中也得到了广泛应用。按照酒税法的规定（2022年4月现行版本），"第三类啤酒"其实应该分为两类：一类是发泡酒和其他蒸馏酒调配成的"利口酒（发泡型）"（一般称为麦系），另一类是使用非麦芽原料，如用豌豆和大豆等酿造的"其他酿造酒（发泡型）"（一般称为豆系）。而这两类酒的酿造，都需要以中谷的研究为基础。

2003年9月，札幌啤酒领先业界，率先进行了第三类啤酒产品"Draft One"（豆系）的商品化。开发出这款酒的是札幌啤酒的技术研究员柏田修作。虽然完全是偶然，但柏田也毕业于京都大学，是中谷的后辈。而且在之前参加一次国外举办的酿酒学术会议时，柏田和中谷就已经认识了。

总之，中谷研发的糖化淀粉酿酒法，为众多品质优良的发泡酒打开了商品化之门，发泡酒市场因此大幅扩大。1996年，发泡酒市场相比上一年，规模大幅扩大了约42%。啤酒发泡酒市场中发泡酒占据的比例（构成比）也增至3.8%（1995年的数据为2.7%）。而1997年，发泡酒市场规模则扩大到原来的2.4倍,构成比也增至5.7%,两项数据均剧增。在日本经济整体陷入最低谷之际,啤酒业界也正经历着最困难的时期。在这种背景下,发泡酒研发作为宝贵的发展领域,逐渐成为啤酒业界的"台风眼"。

1996年3月,接替真锅就任麒麟社长的佐藤安弘,一上任就在公司内部宣布,决定参与发泡酒市场。自然,这也是公司秘密计划。在宣布这一消息后,佐藤立刻收到了来自公司各方的反对意见,"发泡酒根本不是啤酒,就是个粗糙的便宜货""麒麟更应该追求品质"。但佐藤作为企业经营者对这些反对意见一律驳回:"大家大可以尽情反对。不过,麒麟一定会发售发泡酒。"

佐藤已然看出,在泡沫经济崩坏后经济低迷将会长期持续,而这种背景下价格便宜的发泡酒的市场规模在今后会不断扩大。在山一证券破产的两个月之前,1997年9月3日,佐藤在当日召开的记者会上,宣布了麒麟的中期经营计划,宣称麒麟将关停京都工厂、广岛工厂和东京工厂等3家工厂(后来高崎工厂也关闭了),并在1998年初尽快推出发泡酒的新产品。

成为总公司最年轻的部长

麒麟的发泡酒研发迟迟没有进展。虽说在一年半的时间里麒麟制作了近 200 款试品，但要么是没有特色过于普通，要么是太有特色导致很难畅销，总之每一款都"夭折"了，能成为"招牌"的新产品尚未出现。

在解决技术问题之前，摆在市场营销员面前的是商品的概念问题。麒麟在发泡酒的开发上总是束手束脚。一则麒麟市场部的商品开发团队总抱有过强的顾虑，认为新产品决不能和麒麟拉格或一番榨"窝里斗"。二则麒麟内部对发泡酒一直有偏见。有一种所谓的"正统观念"在公司内部大行其道，他们认为发泡酒终究不过是"假"啤酒，是品质低下的便宜货。而麒麟的招牌是"品质第一"，根本就不应该涉足发泡酒。

但朝日凭借着"超爽"这一把"神兵利器"发起了雷霆般的攻势，如今和麒麟的差距也不过毫厘之间。把年度业界第一之位拱手让给朝日的可能性与日俱增，麒麟只能在"加入发泡酒市场"上赌一把。佐藤宣布新产品要投入发售的时间是"1998年初"。记者会召开时，留给麒麟的时间只有四个月。在召开记者会时，新产品还毫无头绪，定下"1998年初"这一时间点，也不亚于一场豪赌。

在四个月内，如何才能克服重重困难，成功研发发泡酒的新产品呢？能解决这一难题的，唯有"那个男人"。佐藤将前田从子公司麒麟西格拉姆调了回来。对于发泡酒的开发，他只能把赌注全部押在曾令一番榨大卖的前田身上。于是，1997年9月，前田空降，担任麒麟总公司市场营销本部商品开发部部长一职。

1996年佐藤改组了啤酒事业本部。虽然名字改为了"商品开发部"，但前田实际上还是调回了自己曾经大展拳脚的市场部，还是以部长的身份华丽回归。按照麒麟的人事制度来看，要成为部长，在职称上必须是"理事"级别的人物。而那时前田的职称不过是"副理事"，本来是不够格升任部长的。而且，麒麟的人事调动一般在春季或秋季，企业核心部门部长的人事调动一般安排在春季。因此，按理来说前田的调动也应该等到来年春季才对。

可前田却在秋天就被破格提升为部长，还是以部长的身份突然回到一个超过50名员工的大型部门——商品开发部。也就是说，不惜打破人事调动的惯例，佐藤也要让前田当这个部长。前田在刚担任部长一职的一小段时间里，薪资还是按照副理事的标准发放的。到1998年的春天，他才正式升为理事。

就任部长时前田年仅47岁。当时麒麟的部长级人物中,仅有前田一人还是40多岁的年纪。前田成为总公司最年轻的部长。而麒麟商品开发部的市场营销员们,对前田的回归表达了无比热烈的欢迎。前田作为战后麒麟最火的产品一番榨的开发者,对商品开发部而言,哪怕是从整个麒麟公司来看,他都是独一无二的"爆款制造人"。

在前田刚就职商品开发部部长不久后的1997年10月初,已经加入麒麟11年的上野哲生,也在这个秋季被调到了商品开发部。上野刚到商品开发部报道时,曾向前田问候:"您好,我是今天从调研部调来商品开发部的上野,请多关照。""啊,好的,嗯,以后有劳你了。"前田的回答则相对冷淡。他坐在办公桌后面,只是抬起眼瞄了上野一瞬,便立马又沉浸于一直在读的资料中。看到前田的表现,上野不由得有些不安,担心前田是不是对自己期待不高。上野回忆那时的前田:"他个子很高但很瘦,身姿如鹤一般。头发理得很短,看起来气势上还有些可怖。先不提他最年轻部长的光环,光从周身气质来看,前田先生也非常与众不同,是麒麟公司里很少见的。"

其实不仅仅是看起来,前田实际上也是个非常严格的"恐怖部长"。据说,部下时不时便会被他怒骂一通。不过前田本质上并不只是一个严厉的上司,一旦离开工作,他身上"人性"的部分便会展露出来。据说，一喝酒，前田就会嘟嘟囔囔地发起诸如"别看我这样儿，我可苦着咧""家里三个崽子，我不加把劲儿干咋整"之类的牢骚。放松的时候，他还总是会说关西话①。

在上野看来，前田也是很不容易的。1990年3月被降职去红酒部门，1993年3月又被贬去子公司。好不容易作为部长回归，又面对着开发发泡酒新产品这项"苦差事"。虽然做着部长的工作，但只拿着副理事的工资。而上野则完全是一位精英人士。他出生于千叶县，在东京大学经济学部毕业后，便于1987年入职麒麟啤酒。在冈山工厂劳务科工作三年后，又作为销售员在富山工作了六年半，1996年秋天回到总公司后，就一直在负责实施消费者调查和结果分析的市场调研部工作。前田就任商品开发部部长后，上野也被调到商品开发部，在负责对"一番榨"进行品牌管理的团队里，迈出了他作为市场营销员的第一步。

---

① 译者注：日本方言的一种。

"发泡酒是假货"

上野后来回忆:"发泡酒的商品开发简直惨不忍睹。"虽然有诸多团队都在努力研发新产品,但没有一个进展顺利。前田在回归之后,便立刻下达指令:"发泡酒也是异曲同工的,我们要做'一番榨'的发泡酒版。"开发团队的成员,以一番榨开发团队成员中唯一还留在开发部的舟渡知彦为首,包括和田美郎以及前田从麒麟西格拉姆带回总公司的和田彻等人。

和田彻加入开发团队一事,引起了麒麟内部的不满。不只是麒麟,对所有啤酒生产商来说,新产品开发都是公司最重要的任务。负责这一任务的市场部无疑就是公司里最受瞩目的,许多总部员工都希望能挤进市场部工作。而前田不光往这样的部门里塞子公司的员工,让他成为项目团队的一员,还让其参与事关公司前途命运的大型商品开发项目。这无疑是不符合常规的。但前田坚持"当然要用有才之人",把一切批评均置之不理。

按照惯例,前田先从商品的概念开始入手。此时留给他们的时间仅有四个月,他无法像开发"一番榨"时一样,花大量的时间进行讨论。于是,前田用上了他在麒麟西格拉姆工作时的"备用案"。在麒麟西格拉姆工作时,公司曾发售过一款名为"BOSTONCLUB 丰醇原酒"的威士忌。其实在发售这款酒的同时,还研发有另一款新产品,只不过后来没有商品化。而这款梦幻般的新商品,其概念正是"淡丽"。

"BOSTONCLUB 丰醇原酒"是一款以口味丰富且醇厚为主打的酒,销量还算令人满意。与此同时,前田带领的麒麟西格拉姆市场部团队,还打造了另一个与之完全相反的商品,那就是"味道极为清爽的酒",换句话说就是"极其清爽,但并不淡得像水一样的酒"。自超爽啤酒诞生以来,啤酒业界的热销风向就开始向"不苦的啤酒"倾斜。解腻且清爽的啤酒,才是消费者的心头好。"味道极为清爽的酒"这一概念,或许也是在此背景下诞生的。

发泡酒大幅减少了麦芽的使用量,采用了糖化淀粉来代替麦芽等各种手段来保证产品的风味,但依旧难以还原出以"惠比寿啤酒"为代表的100%麦芽酿造的经典德式啤酒所具备的厚重感。既如此,倒不如干脆反其道而行之,创造极其清爽的啤酒,这才是前田构想的核心。

在超爽啤酒发售之初。麒麟内部也有人预测说:"这种和水一样淡的啤酒不可能会大卖。"结果,如今超爽已经完全压过了麒麟拉格，甚至迫使麒麟不得不把"市场占有率第一"的宝座拱手相让。而在发泡酒这股新风刮起来之前，麒麟内部又有人说："发泡酒不是啤酒，就是假货。"

麒麟的员工都是啤酒的行家。因此公司内部的意见，往往都是作为"啤酒的行家"提出来的极端正统的看法，也就是所谓的"正统观念"。但问题并不在于这些观点究竟正确与否，而是在于这些意见是否能和消费者的想法顺利接轨。这才是问题的关键。普通消费者可不是"啤酒的行家"，因此他们的想法，往往反而会和这些"行家"的想法有所不同。前田认为，抓住这些"不同之处"，才是理解消费者的核心，也是打造热销产品的窍门。而能够最完美地体现出前田这一理念的就是他对"淡丽"的命名。

"发泡酒就是啤酒里舍不得用麦芽做原料的便宜货。"麒麟公司内部也有很多人对发泡酒持有这种看法。前田敏锐地发觉消费者并非真的喜欢"便宜货"。他们虽然购买便宜啤酒，但他们想买的并非便宜商品。物美价廉的高性价比商品，即对消费者来说"有赚头的商品"才是他们真正的"心头好"。这也解释了为何以"低价之王"号称的大荣集团推出的卑尔根啤酒会惨败收场。

前田完美洞察了消费者既不想在啤酒上花很多钱，又想尽可能喝到纯正啤酒的微妙心理。于是，为了让产品显得更为纯正，前田特意采用两个汉字为产品命名。在最终决定以"淡丽"命名之际,前田还进行了消费者调查。即相同的发泡酒,但一种按市场常见的名字随便命名,另一种则贴上"淡丽"的标签。请消费者分别品尝这两种啤酒,并谈谈"想不想继续喝(饮用意向)"以及"想不想继续购买(购买意向)"。结果,按市场常见名字命名的啤酒,消费者无论饮用意向还是购买意向都不高,而贴了"淡丽"标签的啤酒在这两项上都拿了满分。可见,即便酒本身完全相同,但命名不同,给消费者留下的印象也会大不相同。看见可谓完美符合预想的调查结果,前田不由得会心一笑。

"淡丽"拥有的新价值

尽管已经有了完美的命名，但产品本身的研发仍旧是个问题。率先打开发泡酒市场的是三得利和札幌啤酒公司。麒麟虽然在啤酒市场上姑且维持着第一的地位，但在发泡酒上终究还是后来者。想要后来者居上，就必须得创造出领先者没有的"新价值"。前田想要能和"味道极其清爽的酒"这一产品概念相合的新点子。他曾不止一次向技术部门质询还有没有什么别的好办法，能够减少麦芽的使用量，且在打造出清爽口感的同时，还能给消费者留下恰到好处的纯正感。麒麟的技术部门最终拿出了一个构想——用大麦来当酿酒的副原料。

和啤酒不同，发泡酒的制作原料中麦芽构成比率很低，因此想要做出和100%麦芽酿造啤酒或者和麒麟拉格一样的"浓醇味厚的啤酒"是几乎不可能的。使啤酒浓醇味厚的精华成分，来自麦芽中富含的蛋白质和氨基酸。浓醇味美的100%麦芽酿造啤酒，几乎都会控制发酵度以保留原材料中的精华，并且这些啤酒本来糖化时间就相对较短，原材料中的精华也能尽可能留存下来。

与之相对,以糖化淀粉为主原料的发泡酒减少了麦芽用量,本就会导致这一精华成分随之减少。而且,发泡酒因为麦芽使用比率比较低,只能让原材料经过长时间彻底糖化才能得到酒精。因此在酵母使用上,也挑选了能够分解大量糖分的"大胃王"酵母,这些酵母会把糖化醪液中的糖分几乎全部分解。

高发酵度的发泡酒在经过这些工序之后,能使啤酒浓醇味厚的精华成分就基本上流失了。这便是发泡酒的"弱点"。麒麟的技术部门为了能够补上这一精华成分,才提出了在原料中加入大麦的方案。在啤酒酿造中使用的麦芽,其实就是让大麦发芽后进行干燥处理,再切去根部后得到的产物。因此通过在原料中加入粉碎的大麦,或许就能补足从麦芽中得来的精华成分。

不过,一般啤酒的酿造并不会直接使用大麦。因此大麦不仅原料购入难,价格高,运到工厂后也难以直接处理。即便如此,前田仍旧决定在"淡丽"的酿造中使用大麦。使用日本国产啤酒专用的大麦,在工厂引入新的大麦专用粉碎机,这些成本的提升势必会导致"淡丽"的成本上升。前田不惜如此,也想赋予发泡酒产品新的价值。2002年4月,在面对笔者的采访时,前田说:"使用了大麦的淡丽,能够打造出具有纯正感的独特味道。也就是说,这是创造了和以前的发泡酒完全不同的新分类。"

在这里,可以看出前田打造的热销产品的共同特征。在开发"一番榨"时,前田的团队便总结出了如下五条成为销量"常青树"的条件:

① 企业信念。

② 原创独特。

③ 货真价实。

④ 高性价比。

⑤ 亲民大众。

在这五条条件中,前田尤其看中第三、第四两条。100%麦芽酿造且专用绿色玻璃瓶包装的心地(1986年),只采用一番榨麦芽汁酿造的一番榨(1990年),采用高成本的大麦酿造的淡丽(1998年),无论对于哪一个产品,前田都坚持以"亲民的价格"提供"远超标价的价值"。

最高纪录

佐藤宣布要推出新产品的时间是"1998年初"。一般啤酒公司开发新产品"再快也需要1年时间"（麒麟一位市场营销负责人的原话）。哪怕有前田出马，赶不赶得上也是个未知数。在周围一片担忧中，前田以出人意料的飞快速度推进着淡丽的开发工作。前田在淡丽的广告上启用了一番榨时期的原班人马，艺术总监仍为宫田识，包装设计也依旧由佐藤昭夫负责。不过一番榨啤酒的广告代理商是电通公司，淡丽则选择了第一企划公司（现在的ADK集团）。

其实，麒麟的商品开发部一直不愿意看到麒麟拉格或一番榨与新出的发泡酒产品互打擂台的情况，为此煞费苦心。前田却践行着"就算啤酒的销量减少，只要淡丽的销售额能补回来就行"的方针，即便淡丽同麒麟拉格或一番榨"自相残杀"，也在所不惜。这也是过去的麒麟从未有的"思路"。也有一部分市场营销员将前田的判断评价为"挑战市场营销员的创造性破坏"。

其实前田有着很大胜算。当时哪怕是经济正在好转的美国，价格便宜的经济型商品都占据了市场总销量的六成，更何况是经济持续低迷的日本。发泡酒没有不热卖的理由。在20世纪90年代即将结束之际，人们的意识和生活方式都在渐渐发生巨变。工作结束后，上司带着下属一同去哪儿喝上几杯啤酒的画面已然越来越少见。在这种背景下，尤其是在年轻人群体中，越来越多的人开始认为酒应当私下慢慢品。如果要自掏腰包买酒，自然是便宜一点的酒更合他们心意。前田确信，迎合了这种市场需求而生的"淡丽"必然会大卖。

时间转瞬来到1998年2月3日。在这一天召开的淡丽发布会上，麒麟给到场嘉宾分发了已经制作完成的淡丽样品。对外公布的发售日期则是2月25日。其他开发团队绞尽脑汁也毫无进展的发泡酒新产品，却被前田在仅仅四个月的时间内开发出来了。而且这还是前田从子公司调回总公司后的第一个项目，进展速度远超常规。

前田为什么能做到呢？上野分析："大概是因为前田先生能一个人做完所有事吧。在淡丽的开发中，没有向上司再层层报备的需要，因为前田先生作为一名市场营销员，本身就是商品开发部的部长。因此，他自己思考的方案，自己就能审批。如果不是这样的话，恐怕在四个月内开发出新产品是不可能的。"

而急速商品化的"淡丽"，绝不是敷衍之作。一经发售，它就受到了消费者的狂热支持。最初定下的销售目标是在 1998 年 12 月底达到 1600 万箱，实际远远超出这一目标，卖出了 3979 万箱。虽然无法与发泡酒"淡丽"形成直接对比，但单从首年度贩卖量来看，超爽为 1350 万箱（1987 年），麒麟干啤为 3964 万箱（1988 年），一番榨则为 3562 万箱（1990 年）。淡丽的数据超过了以上几者，成功更新了"最高纪录"。而单从发泡酒品类来看，除了三得利的 Super Hop's，淡丽跃升为业界第一品牌。

淡丽的人气也拉动了发泡酒市场整体的发展。1998 年啤酒·发泡酒市场中发泡酒的构成比率达到了 13.5%，相较于 1997 年的 5.8% 实现了飞跃性增长，也是占比首次超过一成。对于久陷困境的麒麟来说，淡丽的热销无疑是一场"及时雨"。1998 年麒麟的出货量比上一年增长了 0.5%，虽说增幅很小，但这是 1994 年以来时隔四年首次出货量比上一年有所增长。在 1998 年的啤酒·发泡酒市场中，麒麟所占的市场份额也达到了 40.3%，比上一年增长了 0.1 个百分点。然而，1998 年麒麟的啤酒出货量大跌，比上一年减少了 17.2%。主要还是淡丽和麒麟拉格等互相竞争之故。

未参与发泡酒市场的朝日的市场份额为 34.2%，比上一年增长了 1.8%。不过，单从啤酒市场来看，朝日所占市场份额为 39.5%，而麒麟为 38.4%。朝日终究还是夺下了第一的宝座。

第七章　本垒打专业户的嗅觉

恐怖的上司

山田精二初次和前田见面时,紧张得手足无措,满心都想着这就是那位创造出一番榨的传说人物。从小一直在体育社团中历练的山田,平时很少紧张,但面对前田的气场,不知不觉就折服了。山田出生于广岛县,从当地的修道高中考入了早稻田大学政经学部。学生时代参加了学校的篮球社团,这一社团基本和体育协会一样正规,因此他度过了四年沉浸在篮球里的时光。1989年他入职麒麟,被分配到东京分公司负责八王子等地区的销售工作。

因为山田在东京分公司的上司,也就是被称为"传说中的销售员"的真柳亮的邀请,他曾与前田有过一面之缘。那是1996年,在东京银座的一个只有四个人的小酒宴上,当时前田在子公司麒麟西格拉姆工作。前田全程没怎么说话,只是安静地听真柳他们聊天。

1999年3月下旬,山田因为在东京分公司的骄人业绩,被调到了总公司的市场部(1998年,"商品开发部"更名为市场部)。而市场部的部长,便是从麒麟西格拉姆回到总公司的前田。山田几乎是马不停蹄地去找前田报到了。前田还记得山田，便带着他和另外两位市场部的前辈一块吃了午饭。一行人吃饭的地点是当时位于中央区新川的麒麟总公司附近的一家日式小馆。几人坐在二楼铺了榻榻米的洒满了柔和阳光的房间里。

不过，前田接着对山田说的话却一点儿也称不上柔和："据说，你在东京分公司也是出了名的能干，这几年干得很不错呀。但是，市场营销的工作和你之前的可是两个概念，虽然很不好意思，但如果你派不上用场，那要不了一年，半年就得换人。"被传说级人物前田如此敲打，山田只能神色严肃地回应："好的。"

同桌的两位前辈大快朵颐，把刺身套餐一扫而光，山田的马鲛鱼西京烧①却被剩下了大半没吃。因为感受到来自前田的压迫感，山田怎么也下不去筷子。他心里深感前田不近人情。前田吃完了自己的盐烧鲷鱼后，接着说："虽然很抱歉，但让派不上用场的人早点离开，其实是为了这些人好。并不是说要全部否定一个人的人格和能力，这个人只是不适合新商品开发和品牌管理的工作罢了。市场营销这项工作，适合和不适合的人有天壤之别。就算我手下

---

① 译者注：日本料理的一种，指把鱼用特制的西京酱汁腌过后再烹制的做法。

留情，让不适合的人留在市场部，他们也做不出成绩。这样无论是对他们，还是对公司，都有百害而无一益。正确地判断一个人适不适合这份工作，才是作为上司应负的责任。"

热销预感

1999年1月14日,山田成为刚发售不久的"麒麟拉格Special Light"的品牌经理。"麒麟拉格Special Light"是一款减糖50%的健康系啤酒(酒精度数为5.0%)。在那次午餐后不久,前田便说淡系,也就是说健康系的啤酒有一天一定会大火。淡系和健康系,基本上是同一类啤酒。顾客更注重健康,特别是非常在意体重的消费者,对啤酒中所含的糖分越来越敏感。因为啤酒中的糖分,就是啤酒热量的主要来源。而淡系啤酒其实是一个有些模糊的概念,一般是指酒精度数低于4.5%的淡啤。

淡啤在酿造过程中,会特意避免糖分留存。为此,首先会降低麦芽原汁的浓度,之后得到的糖化醪液中糖分也会相对较少。其次,在发酵过程中还会让酵母尽可能彻底分解掉原本就不多的糖分(提高发酵度)。由此得到的啤酒残留的糖分很少,热量也就只有普通啤酒的三分之二甚至一半。酒精度数也较低,一般在2.8%—4.3%之间。淡啤中具有代表性的百威昕蓝的酒精度数就只有4.2%,而与之相比，百威啤酒的度数则为5.0%。

某位啤酒公司的技术人员说："如果用咖啡打比方的话，淡啤就是所谓的美式咖啡。为了能打造出较淡的咖啡，会减少咖啡粉的用量。而且在过滤中，这些原本就较少的咖啡粉还会进一步被过滤，如此才能做出较淡的咖啡。淡啤的生产也一样，会特意采用较稀的糖化醪液。因为本来含糖量就比较低，所以即便提高发酵度，酒精度数也不会很高。"

在美国，20世纪70年代前期，米勒淡啤等便陆续登场。随着健康意识逐渐普及，热量较低的淡啤很快有了大批拥护者。到20世纪80年代，淡啤已然成为美国啤酒市场上的主流产品。20世纪80年代以后，鸡肉在美国的热度逐渐上升，很受高健康意识人群的推崇，同样也是比起牛肉，鸡肉脂肪少热量低之故。

1999年，在日本，淡啤尚未普及，在这一方面打响"第一枪"的是麒麟啤酒。1980年发售的"麒麟淡啤"也是麒麟在日本战后推出的第一个新产品。这款产品对麒麟的高层来说地位非凡，某位麒麟的干部充满怀念地回忆："当时的麒麟社长小西秀次只爱喝麒麟淡啤。"麒麟淡啤的热量比寻常啤酒减少了30%，酒精度数为3.5%，两项数值都相对较低。

到1999年的近20年间，有20种左右的淡系（健康系）啤酒问世，包括1984年三得利推出的"企鹅酒吧"（减卡30%，酒精度数3.0%），1993年札幌啤酒推出的"半卡淡啤"（减卡50%，酒精度数3.0%），1996年朝日啤酒推出的"第一女士"（减卡20%，酒精度数4.5%），以及1996年麒麟推出的"麒麟拉格Special Light"等。但不同于美国市场，这些淡系啤酒在日本并不受欢迎。1999年，淡系啤酒在啤酒及发泡酒市场的比率连1%都不到。最主要的原因，是那时的淡系啤酒大部分都味道淡、度数低，口感上总是"差点儿意思"。日本高温潮湿，消费者更喜爱喝下冰啤酒那瞬间的沁爽感。这也是同为酿造酒，啤酒的消费量远远高于红酒的原因。

淡系啤酒不热销的另一个原因，是价格。比起其他国家，日本啤酒的酒税偏高，即便是酒精度数较低的淡系啤酒，酒税也依旧不低。因此，淡系啤酒和一般啤酒的售价基本相同，并没有价格优势。所以，很多消费者即使注重健康，也不会特意去买淡系啤酒喝。但前田坚信，淡啤必有一天会爆火。1994年，日本解除了对小规模酿酒所生产啤酒的限制，如今的精酿啤酒文化由此生根发芽，还出现了一批相当具有个性的啤酒。这股风潮在2015年之后变得更为流行。

在1999年，包括冲绳的奥利恩啤酒公司，日本5大啤酒公司的量产啤酒均属于色浅澄清，且带有啤酒花微苦风味的皮尔森啤酒。这种皮尔森啤酒一般采用"底层发酵"方法酿造。在这种发酵法中，发酵完成的酵母会沉降到发酵罐底层。一般采用这种底层发酵法酿造的啤酒也被称为"拉格啤酒"，"拉格"一词来自德语，为"储藏"之意。与之相对，酵母完成发酵后浮于酒液表面的发酵法就被称为"顶层发酵"，而采用顶部发酵方法酿造的啤酒则被称为"艾尔啤酒"，香气更为丰富宜人。

目前以精酿啤酒生产商为中心，世界各地都生产了很多顶层发酵法酿造的啤酒和发泡酒。以花果香为特征的淡色艾尔啤酒（PA）和为了满足将淡色艾尔远洋运输到印度的需求而添加了大量啤酒花以便储存的"印度淡色艾尔"（IPA）啤酒，近几年在日本广受推崇，也有大公司参与生产。不过，1999年市场的主流产品是采用底层发酵法酿造的皮尔森啤酒。而在这之中，最有可能成为热销产品的就是淡系，或者说健康系啤酒。前田正是看出了这一点，才坚信"未来淡啤必会大火"。

任性的商品开发

不知不觉山田已在市场部工作了三个年头，虽然被前田打过预防针说"派不上用场就要换人"，但他终究还是努力留在了市场部。不过，他也并没有取得骄人的业绩。当时的市场部有五个下属组织，负责开发新商品的是"商品开发研究所"（一般称为"商开研"）这一组织。此外，还有负责麒麟拉格啤酒品牌管理的第一团队，负责一番榨的第二团队和负责淡丽的第三团队，而除了上述三个主要产品的其他产品，则统归第四团队负责。

负责"麒麟拉格 Special Light"的山田，正隶属于第四团队。第四团队的负责人是刚刚成为高管（在麒麟被称为经营职）的上野哲生。上野原本在第一团队，是比山田早两期加入公司的前辈。包括上野，第四团队共有四人，规模较小，而且负责的工作也大多比较不起眼，诸如下架商品的管理，日本足球国家队应援啤酒商品等"特别包装商品"的管理等。因此，上野和山田等人即便来到公司上班，每天也几乎无事可做。上野回忆："即便一早便去了公司，也没什么可干的工作。这种情况，说实话非常痛苦。"

察觉到危机的上野，在酷夏时节的某个夜里，把山田邀到了场末的一家居酒屋。上野坦言他的危机："这样下去的话第四团队迟早得消失，如果想在市场部里留下来，就必须找点事情做。"听了这话，不知是不是早就有同感，山田也一脸凝重地不住点头。上野接着说："只是个初步想法，我在想第四团队要不要也尝试研发淡系发泡酒的新产品。"山田听了有些吃惊："淡系发泡酒产品，商开研目前不是正在研发中……"

上野："可他们不是还没做出来吗？反观我们这边，有麒麟 Special Light 的经验在前，说不准我们还能研发出更好的产品。"

山田："是啊，确实如此……"

上野："一说到淡系，人们就容易联想到低酒精度数的酒，但目前我设想的是更突出健康的产品。我想研发的发泡酒要在减糖的同时，尽可能提高酒精度数。"

山田："也就是说，要研发的不是淡系，而是更加健康的发泡酒吗？"

上野："正是如此，而且如果能作为淡丽的衍生商品发售的话，一定能大火。停售麒麟拉格 Special Light，把省下的预算投入这项新商品研发就行了。总而言之，我来写计划书然后直接找前田先生谈。"

上野的行动力很强，很快就把关于新产品的想法整理成了一份计划书，直接带着计划书去找前田面谈。在这份计划书里，他详尽分析了目前发泡酒市场的现状，以及消费者对低糖的健康系商品的巨大需求。前田很快便读完了计划书，看着上野赞同道："很不错，想做的话就试着做做看吧。"同时，前田迅速决断，当场叫来了商开研的负责人安排："淡系的发泡酒可以不用做了，这个项目交给上野了。商开研那边还要再调几个人去第四团队帮忙。"

一般情况下，这一决断可能会受到质疑。不过商开研的负责人非常崇拜前田，不仅毫无异议，还很快帮助第四团队组成了新产品的开发队伍。队伍成员包括队长上野，队员山田和村上麻弥古。村上便是从商开研调来支援的，是不久前通过社招进入市场部。

据说，前田曾对上野说过："大众的流行趋势，终究会回到原点。人们追求健康这一点是不会变的，即便有稍许偏离也是暂时的。在美国，比起百威啤酒，百威昕蓝反而卖得更火。在日本，健康系的产品也一定会大火，下一个热销产品必定是健康系商品。"

直球还是曲线球

上野提出的商品概念是"美味且健康的发泡酒"。他想要做的并不是酒精度数较低的淡啤,而是"口感实打实的健康系发泡酒"。酒精度数也要达到不比普通啤酒逊色的 4.5%。普通啤酒酒精度数均以 4.5% 为主,但随着超爽啤酒等干啤面世,5%—5.5% 的酒精度数逐渐成为主流。即便如此,包括 2001 年 3 月发售的"经典麒麟拉格"等,酒精度数为 4.5% 的啤酒仍旧不在少数。

因为追求"实打实的口感",所以上野打算尽量回避一般淡系啤酒常用的字眼。回忆当时,上野说:"我们强调糖分不是'减少 70%',而是'低 70%'也是因为要与一般淡系产品有所区分。新产品不是做减法的商品,而是有附加价值的商品。我希望能够打破人们之前对淡系啤酒的固有印象。"

商品的命名和包装也十分讲究。上野最初向前田提出的方案是:采用能让人联想到健康减糖的"绿(green)"一词为商品命名,啤酒罐包装也选用相应的绿色。据说,前田最初反对这一方案,他说:"这和茶饮料不一样,用绿色来当啤酒的颜色是行不通的,不可能会畅销。"但上野并没有轻易放弃,他申辩道:"您说得对,但是喜力啤酒就采用了绿色包装。"

"那只不过是个特例。"

上野毫不动摇:"但是前田先生您推出的心地也采用了绿色玻璃瓶包装。"

"那更是个特例。"

上野想尽办法,也未能说服前田。于是无奈之下,上野的团队也只能继续绞尽脑汁,终于想出了其他几个替代方案。前田看中了命名为"淡丽DIET(淡丽轻卡)"的方案。据上野说,前田似乎偏好直接易懂的"直球式"命名。他之前提出的"绿标(Green Label)"这种"曲线球"似乎就不合他心意。

上野坚持想在产品命名中用上"GREEN"一词,甚至提出"想在命名前先进行消费者调查"这样的缓兵之计来故意推迟命名一事。在这段时间,他继续收集材料来说服前田,但又发生了一件令人意想不到的事,2001年10月1日,三得利发售了一款低糖发泡酒"DIET生",健康系发泡酒的"第一枪"被三得利横刀夺走。而且更雪上加霜的是,前田非常中意的"DIET"这一命名也被三得利抢先使用了。

为此前田还把上野团队叫到了办公室怒骂了一顿。他用锐利的目光扫射着队伍里的每张面孔，毫不客气地骂道："上野，你这蠢货！被三得利抢先都是因为你磨磨蹭蹭的！"在怒火暂时平息之后，前田又对上野说："总之，如今既然已经被人抢了先，就只能想办法做出更畅销的商品。如果最后产品卖不出去，我可不会手下留情。"此时，上野俨然已经无路可退。如果失败，第四团队必然会被解散。无论是上野还是山田，都会被赶出市场部。幸好，不幸中的万幸是"DIET"这个名字已经被人用了，新产品的命名只能用"GREEN"一词。

　　"要比淡丽减糖70%，要适度保持酒精度数。希望在此基础上做出好喝的发泡酒。"上野对技术部门如此要求。不过，要满足这些要求无比困难。一位麒麟技术部门的干部解释道："减少麦芽用量导致的口感缺陷是发泡酒的弱点。因为糖分较少，酵母缺少食物，很容易无法发酵，损伤啤酒风味平衡。淡丽在制作中为了克服这一点，采用了大麦做辅料，并且为保口感还将酒精度数略微上调，定在比一般啤酒稍高的5.5%。要求我们在淡丽的基础上减糖70%，还要继续保持酒精度数，连味道也不能减少一分，简直是强人所难。要提高酒精度数，就一定要增加原料用量，糖分也肯定会升高。而且大麦中含有一部分在发酵中不会被分解的糖分，很难做到减糖。"

如此，似乎陷入了减糖就必须减酒精度数的僵局。麒麟的技术部门，为上野提出的要求愁白了头。最终技术部门将酿造过程中的各环节的平衡彻底发挥到了极致，并且为了保证口感在原料中加入了酵母提取物作为调味料。另外，根据上野的说法，目前酿造技术已经更加成熟，所以不再使用酵母提取物了。

"便宜卖"大战

受"发泡酒是歪门邪道"这种思想影响很深的朝日,也终于在 2000 年 12 月 19 日宣布要加入发泡酒市场。继三得利、札幌啤酒后,麒麟的"淡丽"也成功大卖,四大啤酒公司中的朝日成了最后一位进入发泡酒市场的竞争者。但它在 2001 年 2 月 21 日发售的发泡酒"本生",也突然大卖了。

本生为了促进发酵,使用了海洋深层水等特殊方法,在酿造上颇费苦心。而且朝日啤酒还在超爽啤酒等自家啤酒销量较好的地方,开展了名为"红色暴风雨"的促销活动来预热,成功给消费者留下了好印象。

"这个月非常关键,拜托您了,请您多进一些淡丽吧。"一位 20 来岁的麒麟啤酒女性销售员恳求一位酒品批发商的采购员。而那位采购员只是露出了很为难的表情说:"我也是没办法,我们的仓库已经满了。"

"拜托您了,还请您再想想办法。"

"唉,每个月你都这么要求我们多进货。你既然也是个销售员，就想办法拿出点儿像样的销售方案给我呀。"

"您说得都对，但是如果不这么做的话我们就要输给朝日了。如果您能多进一些淡丽，我会尽可能给您争取返点……"

在当时麒麟的销售第一线，这种情景不断重现。大啤酒公司的销售第一线，竞争往往都是"肉搏战"。为了赢得胜利，各家公司都给批发商拨出了一笔"销售奖励金（回扣返点）。"因为这笔钱，各零售店的"降价大战"也愈发激烈。生产商跟批发商说"您买20箱就免费送您一箱"的交易方式也"大行其道"，尤其是到了月末，啤酒公司对批发商的上门推销更是达到了白热化的程度。

2001年3月，本生发售约一个月后，麒麟公司的社长佐藤安弘突然辞去了社长一职，只保留了麒麟会长的职位。此时他的社长任期才刚刚过半，在这个时间辞职，相当不符常规。在公司发展不顺之时，佐藤果断进行了裁员，甚至关闭了四家工厂。他认为在裁员之后，也不能一直安居社长职位，故决定辞去社长一职。

接替他成为新任社长的是有着医药事业经营背景的荒蒔康一郎。他毕业自东京大学农学部，1964年加入了麒麟公司。据说，在被称为"天皇"的本山还担任社长的那个年代，荒蒔是公司里唯一一个敢在本山面前用双手插兜的姿势同他说话的人。

在社长刚换届不久的2001年4月，前田也试图进一步增强市场部的实力。依靠人事部的协助，他在公司内部广招能够在新产品开发上独当一面的市场营销人才。此前，被调来市场部的大多是销售成绩突出的人才，但销售和市场营销是两份工作，需要的能力也大不相同。据说，前田力证这两者需要的感觉完全不同才成功说服了人事部。其实，麒麟公司本来就有"内部公招"这一制度，只是市场部一向是公司里最抢手的部门，有很多员工都希望能进入市场部，如果进行内部公招，立刻会有大批简历涌来，会造成混乱。出于这一顾虑，市场部此前一直没有进行过内部公招。

前田倒也不是为了给员工提供上升渠道才决定内部公招的。寻找能够开发出前所未有的新商品的人才，才是他的主要目的。经过审核简历后，合格者就进行了笔试，笔试内容为写一篇小论文。日本5月的小长假一结束后，前田和人事部的干部对笔试合格者进行面试，最终4人被成功录用，其中就包括曾是淡丽绿标开发团队成员的村上麻弥古。还有土屋义德，他1992年加入麒麟公司后一直在静冈分公司工作，之后也亲手打造了一款热销产品。

悲壮的胜利

朝日的发泡酒"本生"成功大卖,发售第一年的销售总量为3900万箱,和淡丽不相上下。但就和淡丽与一番榨之间会互打擂台一样,因为本生的热卖,超爽啤酒的销售量也有所下降。

本生的热销,也给麒麟与朝日的竞争带来了决定性的影响。2001年,朝日在啤酒和发泡酒两个市场综合所占的份额为38.7%(上一年为35.5%),麒麟则为35.8%(上一年为38.4%)。这代表着朝日终于在综合市场上超过了麒麟,成为业界第一,也是48年来"啤酒业界第一宝座"的首次变动。

"朝日,成为啤酒业界第一了!"听闻这一消息,刚从朝日会长退为公司顾问的濑户雄三,在东京墨田区朝日啤酒总部的员工食堂里激动地落泪。而落泪的不止濑户一人。当时在场的所有人都喜极而泣,从高管到干部乃至年轻员工都无比激动,不分彼此地相互紧紧拥抱。

濑户接过不知从谁手中递来的麦克风,强忍泪水发言:

"今天，朝日终于战胜麒麟了。今天在场的所有员工，无论你们是新人，还是经历过困难时期的老员工，都可以尽情为之自豪。在我们朝日，没有懒汉也没有迷失目标的人。我们能战胜麒麟，靠的是大家每一个人的力量！未来，我们也要继续赢下去！"

陷入经营危机，甚至曾面临生死存亡的朝日，如今正称得上是"浴火重生"。凭借着一步一个脚印地勤恳销售，开发出超爽等大热产品，朝日终于战胜了麒麟这一日本战后最强的啤酒企业。如今，朝日公司上下都沉浸在为了胜利拼尽全力之人才能理解的感动中。距离超爽发售，此时已经整整过去了15年。

一位麒麟的高管评价朝日的反超："单纯明快的朝日胜过了复杂怪异的麒麟。"濑户雄三在2002年4月2日接受笔者采访时说："其实，在这次反超中麒麟的失误帮了大忙。他们把市场竞争力仍旧很强的麒麟拉格，在1996年从熟啤做成了生啤。这一'失误'才是我们获胜的关键。"另外，出身于子公司"一甲威士忌（Nikka Whisky）"，如今为朝日控股集团社长的胜木敦志也说："在啤酒商战异常激烈的20世纪90年代后半期，朝日积极开展了不限应届生的招聘活动。设备可以用钱买，人才却用钱买不到。特别是销售员，如果销售团队不行，整个公司都会不行。受泡沫经济崩坏的影响，特别是1997年后，证券公司、银行、保险公司一个接一个破产,这就导致很多优秀的人才突然失业,反而给我们聘用这些优秀的人才提供了便利。有了这些不同工作经验的人才,朝日自然就形成了多样性的企业文化。"

"淡丽绿标"热卖的理由

胜利,说到底只是一瞬间的事。朝日能够团结一致,也是因为有着"要超过占据业界第一位的麒麟"这一明确的目标。而且这里面麒麟的失误为朝日提供了助力。过去难以做到齐心协力的麒麟,也因为有了痛苦的失败经验,变得能够团结一心,朝着"夺回第一之位"的目标前进。

朝日成为业界之首,等于成了被追逐的目标。实际上,麒麟的社长荒蒔在被超过后立刻就启动了应对方案。在已然能纵观2001年商战趋势的11月,荒蒔在麒麟公司内部发布了"新麒麟宣言",他呼吁:"今后,让我们以顾客为本,回到自己的原点吧!"

过去以市场占有率第一而骄傲自满的那个麒麟,已经成为历史。今后的麒麟将拼命追求顾客的认同。在荒蒔的"新麒麟宣言"发布之后,麒麟一步步回到了本来应有的样子。而其最大的动力之源,正是在前田的指挥下诞生的几个让麒麟引以为傲的大热产品。

2002年4月10日,上野团队开发的低糖发泡酒(糖分减少70%),以"淡丽绿标(Green Label)"之名发售上市。发售当年的销售量为1310万箱,成为健康系啤酒饮品中第一个超过1000万箱的大热产品。上野他们顺利回应了前田的期待,成功做出了"一定能大卖的产品"。

淡丽绿标既是健康系的啤酒,又在味道上下足了功夫,口感比普通啤酒毫不逊色。同时,它很好地利用了消费者对"淡丽"这一品牌的认可度(品牌扩展做得很成功)。这些都是淡丽绿标大火的理由,而无论哪一个理由,其实都被上野说中了。麒麟开创了"健康系"这一新的种类,才是淡丽绿标最大的意义。

朝日的本生在几年后停止销售了,但淡丽绿标一直都在销售,2020年销售量基本和发售首年度持平,为1342万箱(比上一年增长2.1%)。在前田的领导下,上野他们成功地制作出了长寿产品。

山田精二评价上司的前田:"对我来说,前田先生是一道不可跨越的高墙,是一位很重要的上司。他永远胸怀热血,认可我的长处。他既是现实主义者,又能准确预判未来动向,还有着极为重要的交际能力。因此前田先生的周围总是围满了拥护者。

"同很多的天才型领导一样,前田先生也总是会'朝令夕改'。但他从来没想过自己出风头,因此他的朝令夕改并不是为了和人争权夺利或者自保,而是单纯地出于工作需要。

"前田先生从不轻易动摇，但面对变化又能随机应变。他总说要'接地气'一点儿，太过新潮的东西会让人难以亲近。每当我提出了太前卫的设计，他就会提醒我，说我过于贪图获得他人的认可了，不知不觉成了个创作者。"

上野评价前田说："前田先生，如果用棒球来比喻的话，就是个本垒打专业户。他并不盯着能稳定得分的球，而是专门盯着本垒打来打。比前田先生精通广告宣传和商品命名的人并非没有，但拥有独特'嗅觉'，能够从未畅销的健康系啤酒中闻出热销气味的人只有他。他的为人更是数一数二的。"

第八章 由异而生的『冰结』

子公司的那个男人

"我们公司比较穷。和麒麟总公司不太一样,什么都只能自己来。"鬼头英明刚加入以威士忌业务为主打产品的子公司麒麟西格拉姆时,就被自己的上司打了一针"预防针"。他后来自嘲:"公司风气如此,觉得身为调酒师高人一等都做不到。"

出生于名古屋市的鬼头,自小学开始就很擅长理科,尤其喜欢生物。为什么植物会变大?为什么动物会成长?这些不可思议的现象令鬼头为之着迷,他甚至会抓着大人问个不停。鬼头的父母在名古屋市经营一家主营塑料模具和塑料塑形的工厂。他从小便看着父亲亲手打造出各种模具,制作出各种形状的塑料用品,被父亲的匠人气质熏陶着成长。因此,鬼头从孩提时代便立志:未来也要从事制造工作。这位痴迷于生物的少年,最终考进了岐阜大学农学部的农艺化学专业,而且攻读了应用微生物学硕士。毕业后在泡沫经济还未崩坏的1989年,进入了麒麟西格拉姆公司,成为一名调酒师发光发热。所谓调酒师,就是指将各种各样的原酒通过调配组合,创造出新酒的专业人士。不过,调酒师的工作还包括诸多其他内容。

即便是同一天蒸馏,装在同一种容器中的原酒,熟成之后的味道也各有不同。根据容器在贮藏库中放置的位置不同,熟成进度也会出现细微变化,成品的味道便会因此出现不同特征。(容器放置的位置越高,一般来说熟成就越快)调酒师的工作,也包括对这些风味各有区别的原酒分别进行评鉴打分,并综合把控何种原酒应放置在贮藏库的何处,还有将原酒进行细致分类,时不时移动贮藏位置来调整原酒口味等。这些复杂的工序都是调酒师必须做的。

鬼头直言,要成为一个能独当一面的调酒师,至少要花费 10 年时间。虽然成为调酒师不需要有特别优秀的嗅觉,但想要正确判断原酒的味道和香气,则需要积累大量的经验。此外,想象力也很重要,对调酒师而言,能够想象出原酒经过调酒后会成为何种威士忌的能力是不可或缺的。

1989 年鬼头加入公司时,威士忌市场已经越过了 1983 年的峰值,正在持续缩小。三得利通过"嗨棒(Highball)"的大火,使威士忌市场"枯木回春"也是 2008 年之后的事。

20 世纪 90 年代末,日本的酒类市场中以超爽、一番榨以及发泡酒淡丽等几个热销产品为首,啤酒类饮料占 70% 以上。在这种背景下,以鬼头为首的几位麒麟西格拉姆姆的调酒师，除了威士忌，也开始负责对麒麟正在经营的所有酒类进行评鉴。鬼头一手负责了伏特加、杜松子酒、白兰地等蒸馏酒和利口酒，还有红酒这类酿造酒的评鉴。在他负责范围之外的，只有麒麟总公司经营的啤酒类产品。

如果用日本酒的术语打比方，调酒师就好比是"杜氏"①。他们有着丰富的威士忌相关知识，是威士忌酿造中"领头羊"般的存在。因此，通常调酒师在公司中地位都比较高。在三得利或者一甲这类威士忌业务很强的公司里，几乎就不可能出现人手不足，而让调酒师负责所有酒类评鉴工作的情况。

鬼头在麒麟西格拉姆中不断历练，磨炼调酒的技术，为了进一步学习红酒相关知识，还去了美国加利福尼亚的大学留学。1994年，他调到了麒麟西格拉姆的市场部，在此与和田彻、前田仁相遇。

---

① 译者注：日本酒酿造中带领酿酒团队的最高责任人。

去做第一个吃螃蟹的人

和田彻出生于新潟县的小千谷市,从当地的长冈高中考入了庆应义塾大学经济学部。他在大学生活的大半时间里,都在做日本放送的深夜电台节目《All Night 日本》的兼职。当时,和田一周要去位于有乐町的日本放送 5 天,专注于撰写节目脚本,以及整理听众来信等工作。这一时期的《All Night 日本》请过众多明星做主持,中岛美雪、塔摩利、北野武、笑福亭鹤光、谷山浩子、桑田佳祐等诸多大牌明星都参与过节目。和田后来在工作中发挥出的出色"感觉",应当也是在这份兼职中锻炼出来的。

1985 年从庆应义塾大学毕业之后,和田便加入了麒麟西格拉姆公司。不过,据说当时的和田并未打算一直在麒麟西格拉姆工作。他虽然也想要创造出足以改变社会结构的跨时代产品,但未来更想成为一名独立策划师。在刚加入麒麟西格拉姆的四年间,和田一直在做销售工作,在工作中他特有的"感觉"也大展身手。他自己制作了面向各个酒铺的店头广告,其设计和文案都极具个性,在各个酒铺广受好评。这些店头广告充分发挥了效果，时不时就有酒铺要求多进一些威士忌商品。因为这一工作成绩，和田在1989年被调到了麒麟西格拉姆的市场部。而1993年3月，制作了麒麟战后最热销产品一番榨的前田仁，刚刚遭遇了第二次降职，被调到了麒麟西格拉姆的市场部担任部长。

前田的调职，令鬼头和和田的命运也从此发生巨变。鬼头描述他对前田的第一印象："他神情温和愉悦，但眼神很锐利。这就是前田先生给我留下的第一印象。而且他言谈举止都非常和蔼可亲，说话带点关西腔，听起来也很和气，说话又非常直接，往往能一针见血。"

而第一次见面时，前田评价鬼头道："你是个很努力的人。"鬼头回忆当时的情况，不由得十分感慨。他认为前田一眼看出了他这个人的本质，说他是"努力的人"其实并不是说鬼头做事情很努力，而是说他是一个比起直接靠感觉下判断，会踏踏实实选择从头学习知识和理论的人。总而言之，前田看出了鬼头有着理科人特有的思维方式。

前田在识人方面有着超于常人的能力，而且还非常重视团队成员的感性发挥。他带领团队工作时的一个特点，就是频繁地进行头脑风暴。在进行头脑风暴时，前田从不会要求得出某个特定的结论，而是让所有成员自由发言，从而不断扩展想象的空间。因此，前田的团队总是非常积极活跃，大家都很享受工作。鬼头认为，正是有着这种愉悦的工作氛围，才能诞生出一个又一个新奇的想法。前田还经常带着团队成员走出办公室，在各种不同的地方进行头脑风暴。他认为改变头脑风暴的场所会更容易让成员们想出新点子，有时他会选择在安静的南麻布地区租一个会议室，有时又会带成员们一起去坐落在森林里的研究中心。向来理论先行的鬼头能够提出一个又一个新的想法，也是多亏了前田的团队管理方式。在鬼头看来，没有比前田更重视感性的市场营销员了。

当时，前田常把这样一句话挂在嘴边："因为这件事史无前例，所以很有意义。"而这句话，给和田造成了很大的冲击。与前田相遇时，和田已经在麒麟西格拉姆工作满八年了。曾经充满个性的和田，也在社会的熔炉中逐渐变得圆滑世故。不知不觉中，他也开始认为跟着前人的脚印走，有时是避免风险的必要举措，更是工作上的基本原则。或许正是受前田这句话的触动，后来他才开发出了"Hips"等个性独特的商品。虽然"Hips"销量不佳，但前田仍旧从中发现了和田的才能。1997年，前田作为最年轻的部长回到总公司之后，便开始负责发泡酒淡丽的开发工作。在那时前田就特意把和田从麒麟西格拉姆调到了总公司，让他加入淡丽的开发项目。

大叔的酒

1999年3月,三得利发售了一款名为"Super Chu-Hi"的新商品。350毫升罐装的售价仅为140日元,比起之前的罐装"Chu-Hi"产品要便宜70日元,因此非常热销。

三得利在罐装"Chu-Hi"酒方面本身实力就很强,这次借"Super Chu-Hi"的大卖,更是一跃成为罐装Chu-Hi酒市场上的龙头企业。三得利是在威士忌市场上占据超过八成份额的"巨人",对麒麟西格拉姆的鬼头与和田而言,是一位极想打败却暂时又难以战胜的强敌。也正是因此,鬼头与和田非常想要制作出能够超越三得利罐装Chu-Hi的产品。

1973年设立的麒麟西格拉姆,其实是麒麟与加拿大西格拉姆集团的两家子公司合并而成的公司。它是威士忌市场上,次于三得利和朝日旗下一甲威士忌公司的第三大生产商,占据的市场份额当时还不满10%。

所谓的"Chu-Hi",指的是用日本烧酒和柠檬汁等果汁,以及碳酸水调配而成的鸡尾酒。有时也会被叫作"莎瓦"(即 sour,一种酸味鸡尾酒)。

20世纪80年代前后,以"嗨棒(Highbal)"(威士忌加苏打水调出的鸡尾酒)为引子,Chu-Hi 逐渐走红。一说是当时威士忌的酒税相对较高,所以嗨棒的价格也都相对较高,因此有些地方会用较为便宜的日本烧酒替代威士忌,Chu-Hi 便由此诞生。也有说法称在嗨棒普及之前,东京的平民区就零星有人开始喝日本烧酒兑果汁调配的 Chu-Hi 了。

总之,在20世纪80年代,新宿区、江户川区和墨田区①附近的酒家都可以喝得到 Chu-Hi,1982 年以大学生群体为中心,这种酒迅速爆火。而且,因为"Chu-Hi"流行"一口气喝完"的喝法,当时还时常有学生因为急性酒精中毒被救护车运去抢救,一度还成了一个社会问题。平民区的中高龄人士爱喝的日本酒,经过与果汁和碳酸水调配成低酒精度数的饮料,就迅速在年轻人中间大火,这一点也十分有趣。

1983年7月,东洋酿造公司(现在已归于朝日啤酒旗下)发售了瓶装 Chu-Hi 酒"Hilicky",1984 年宝酒造公司也开始进行"TAKARA can Chu-Hi"的研发,东洋酿造紧接着又开始研发"Hilicky"的升级版。这些产品成为罐装

---

① 译者注:东京几个年轻人占比较多的区域。

Chu-Hi 酒的先驱者，使消费者在家中饮用 Chu-Hi 也成为可能。

最初这两家公司的目标都是中高龄上班族，他们都是日本酒重度爱好者。虽然令 Chu-Hi 大火的是年轻人，但罐装 Chu-Hi 一开始却是作为"大叔们"喝的酒诞生的。鬼头评价这两家公司的罐装 Chu-Hi 说："它们就是所谓的第一代 Chu-Hi 酒的味道。因为面向中高龄群体，所以比较烈，酒感很足。"

这些罐装 Chu-Hi 人气极旺，在 1984—1985 年间甚至一度能威胁到啤酒市场。在罐装 Chu-Hi 市场上，长期延续着宝酒造和东洋酿造（1992 年合并成为旭化成公司，2002 年旭化成公司的酒类业务被朝日啤酒收购）这两家公司二雄并立的局势，直到 1999 年三得利发售"Super Chu-Hi"这局面才被彻底打破。而且由于这一产品的大火，1999 年的罐装 Chu-Hi 市场急速扩张，比起上一年扩大了 3500 万箱，增幅足足达到 75%。（罐装 Chu-Hi 一般一箱会装 24 罐 250 毫升的酒，合计 6 升）。此后，各家公司都开始生产低价 Chu-Hi 产品，售价 140 日元左右的罐装 Chu-Hi 渐渐成为市场主流。

打倒三得利

1999年10月，麒麟西格拉姆正式开始了对"冰结"的开发。只不过这并非正式项目，而仅仅是技术人员鬼头和市场营销员和田彻等人在私下进行的项目。在此之前，和田还被借调去了前田带领的麒麟啤酒总公司市场部两年左右，参与了发泡酒淡丽的开发项目。当和田回到位于涩谷区的麒麟西格拉姆公司时，鬼头还在静冈县富士御殿场蒸馏所的研究中心工作。和田1961年出生，鬼头则出生于1964年。当时两人都不过30来岁，可谓是正值壮年。

"Super Chu-Hi虽然是个超级产品，但也是有弱点的。"当时正在御殿场工作的鬼头，突然收到了在东京的和田打来的这通电话。和田在电话中接着说："它的味道和第一代罐装Chu-Hi基本没有区别，因为面向中高龄群体，口感烈且酒感强。后续跟风的一些商品也是一样的。但我觉得入口更加温和的酒，才会更受20来岁的年轻人青睐，在这里面我们大有可为。"

"冰结"是鬼头与和田在私底下开始的项目，在这时还没有看到商品化的希望。但在此时，尽管十分模糊，鬼头的确看到了可以让产品热销的目标群体。他对和田说："就算我们立刻跟在 Super Chu-Hi 后面出商品，也是无法打败三得利的。要想产品大爆特爆，就必须得打破各类商品间的横向壁垒。让我们以第一次喝罐装 Chu-Hi 的人和女性消费者为目标，一起做一款能把啤酒和发泡酒的受众也统统拿下的产品吧！"和田也同意了他的看法："因为《男女雇佣机会均等法》（1986 年实施）进入公司的女性综合职员工们，现在的年纪也差不多都 30 过半了。让我们做一款能赢得她们青睐的酒吧！"

其实在麒麟总公司，有不少人认为三得利不足为惧。毕竟啤酒才是麒麟的主战场，而三得利在啤酒市场只占第四，麒麟不把三得利看在眼里，从某种意义上也是理所当然的。但对麒麟西格拉姆来说情况就大不相同。对于在威士忌市场上一直当"万年老三"的麒麟西格拉姆来说，三得利简直就是一堵难以推倒的高墙。麒麟西格拉姆培养起来的鬼头与和田，对三得利的强大之处更是烂熟于心。

罐装"Chu-Hi"的革命儿

为了"打倒三得利",鬼头与和田两人不断精进产品方案。他们瞄准的消费者群体,并非喝惯了日本酒的中高龄人士,而是年青一代。两人希望新产品能够走出Chu-Hi市场,吸引啤酒和发泡酒的受众,最好还能斩获女性消费者的芳心。

二三十岁的女性群体一般都不喝Chu-Hi,为了让新产品能更合她们口味,两人尽可能降低产品的酒感,但这与将其制作成干啤这类爽口却酒感较低的酒又有所不同。20世纪80年代Chu-Hi的流行,很大一个原因就是其添加果汁使口感偏甜,可如果甜味过重,又会令中高龄群体有顾虑。因此,鬼头两人最终想出的方案,就是制作一款有着"微妙甜味"的酒。

"定下味道是重中之重,"鬼头说,"在东京公寓的一位独居职业女性,下班回到家后就能立刻拿起来畅饮的罐装Chu-Hi。这就是我们对产品的设想。这款使用伏特加作基酒的Chu-Hi,比起烧酒基底的产品会有更沁爽的风味,但问题是如何才能在其中再加入一些微妙的甜味。"

调酒师就好比日本酒酿造中的"杜氏"一样，是地位超然的专业人士。鬼头在业界排第三的麒麟西格拉姆中，曾被派去多个其他领域工作，因此积累下了广泛的经验。或许也正是这个原因，他看待事物很少先以调酒师的经验入手，在罐装 Chu-Hi 的开发上也能做到不受限制地自由发散思维。结出的成果，就是提出了用伏特加来做基酒的构想。

同其他公司的罐装 Chu-Hi 不同，冰结的基酒并不是日本酒，而是伏特加。麒麟公司旗下，并没有日本酒酿造许可证的工厂，公司也不生产日本酒。如果要发售传统的罐装 Chu-Hi 产品，麒麟就需要踏入日本酒酿造这一未知的领域并从零开始探索，不仅耗时久，风险也大。而如果从其他公司购买日本酒作为原料则又会受到各种各样的限制，这条路同样也很难走。但如果用伏特加代替日本酒，情况就大不相同了。麒麟西格拉姆的御殿场蒸馏所此前就一直在生产伏特加。

与其追求自己没有之物，倒不如活用已有之物。鬼头从一开始，就没有"Chu-Hi 的基底应该是日本酒"这种刻板印象，于是果断决定用伏特加来做冰结的基酒。其实，用伏特加当基酒制作 Chu-Hi 是有先例的。自 1995 年开始，麒麟西格拉姆就开始小规模地向总公司麒麟啤酒提供（现在也仍在提供）一种以伏特加为基酒的，面向餐饮店的商用柠檬 Chu-Hi 酒。

此外，面向一般消费者的产品也有先例。在生产商用柠檬 Chu-Hi 酒的同时，麒麟西格拉姆公司还作为代工厂，为当时属于麒麟集团的近畿可口可乐公司提供一种伏特加做基酒的果味罐装 Chu-Hi。但因为产品后续投入不多，到 2000 年便不再销售了，不过在销售期间也拥有着良好口碑。

鬼头解释说："伏特加是一种无色无味的烈性蒸馏酒，因为其没有特殊味道，所以很好入口，很适合用作鸡尾酒的基酒。"正如他所说，不少鸡尾酒的基酒都是伏特加。莫斯科骡、巴拉莱卡、螺丝起子、咸狗、血腥玛丽等众多有名的伏特加基底鸡尾酒，在全世界的酒吧都可见其身影。

灭之不如用之

2000年春，鬼头与和田收到了来自总公司的前田的电话："你们能不能把样品带过来给我看一次？非常紧急。"冰结的开发本是鬼头与和田两人在私下开始的项目，尚未决定何时可以发售。但前田不知从何处发现了蛛丝马迹，察觉了鬼头二人的行动。不过前田并没有对此加以干涉，而是放手让两人自由探索。

其实就在这时，鬼头与和田的项目已经迎来了一股东风。这股东风，就是麒麟内部的一次改革。1999年9月，麒麟发表了名为"KG21"的中长期经营计划。以2005年为目标年度的这份计划中，多次提出要"不侧重啤酒，均衡发展多种酒类业务"，也就是宣布了麒麟未来要开展"综合酒类业务"。并且，2000年9月发布的《KG21行动计划（2001—2003年）》更是提出了包括进入罐装Chu-Hi市场等"综合酒类化"发展的具体措施。

主导该计划确立的佐藤安弘会长兼社长，过去曾向笔者直言："麒麟的员工，非常擅长制定这些东西（中期经营计划等等计划书或策划案），毕竟每个人都很聪明。但问题在于，最后能不能按计划实行，又能不能顺利达成计划目标……"啤酒及发泡酒市场在经历过1994年的峰值之后，增长便陷入了停滞。以麒麟为首的各家啤酒公司，都必须想方设法满足不断多样化的市场需求。毕竟随着日本高龄少子情况的日益加剧，人口还将不断减少，市场也会随之进一步缩小，这一点已经是不争的事实。

此外，"综合酒类化"方针的背后，也有麒麟内部问题的影子。当时麒麟似乎在暗中推进将业绩低迷的麒麟西格拉姆子公司同麒麟啤酒公司进行业务整合的工作。近几年来，麒麟西格拉姆的经营状况不如人意。英国政府为了打开日本的苏格兰威士忌市场曾对日本施压，使得威士忌的酒税在1997年大幅降低。但因为人们的健康意识越来越高，酒精度数较高的威士忌没能顺利扩大销售。所以虽然降税，但是威士忌销量并没有如期上涨。

麒麟当年的高管曾向笔者透露了这样的内情："推进业务整合的理由，主要是拯救经营不振的麒麟西格拉姆。而且，我们也希望能够发挥积极作用，令其成为让子公司的人才更好发挥能力的契机。麒麟的人事部门尤其希望能实现这一效果。因此我们并不是在'吸收子公司'，而是在平等关系上同子公司进行'业务整合'。

"关于这件事，当时以人事部为中心，麒麟公司内部有过不少意见。其中也有认为我们应该把麒麟西格拉姆舍弃掉的强硬派观点。但是，麒麟西格拉姆里也是有很多优秀人才的，当时我们考虑的是尽最大能力，尽可能保住这些优秀人才。我认为，因为那时比起将这些人'一灭了之'，我们更重视如何令他们再度发光发热，所以后来才会结出'冰结'这样的成果。"

出于这种考量，麒麟从 2000 年 1 月开始分阶段进行业务整合。到 2001 年 1 月，麒麟西格拉姆的销售部门已经和总公司完全统一，2002 年市场部也完成了统一。同年 7 月，麒麟西格拉姆更名为麒麟酿酒厂公司，并于 2003 年 7 月成为由麒麟啤酒 100% 控股的子公司。

做事做到底的领导

还有另一波"大风浪"也朝麒麟西格拉姆袭来。2000年末,其合作伙伴加拿大西格拉姆公司突然将其酒类业务卖给了法国保乐力加公司和英国帝亚吉欧公司。

西格拉姆公司董事长小埃德加·布朗夫曼比起酿酒,更醉心于电影和音乐等娱乐事业。1995年他就从松下集团(当时的松下电器产业公司)手中买下了电影公司MCA(1996年更名为环球集团),之后又收购了荷兰飞利浦集团旗下的一家唱片公司。

对于西格拉姆公司撤出酒类市场,麒麟在一定程度上有所预计。但当这件事确实发生时,对其造成的影响仍旧不容小觑。麒麟在日本国内销售的大多数洋酒品牌都因此面临着存续危机,其中一种从美国肯塔基州进口的波本威士忌名酒"四玫瑰",在日本国内销量一向很高,对麒麟而言也尤为重要。因此,麒麟想方设法要保住"四玫瑰"的继续销售权。

此时有一位人物起了关键作用,他就是在前田开发

"一番榨"前期，曾短暂参与其中的代野照幸。离开麒麟啤酒市场部之后，代野被派往百威日本公司工作。而后又于1997年去美国麻省理工学院留学，拿下了MBA（工商管理硕士）学位。1998年6月代野回到日本之后，便被调去经营企划办公室工作，为"综合酒类化"这一重要发展计划的立项工作献策献计。

代野而后加入了麒麟与保乐力加公司的谈判团队。经过强硬交涉，麒麟总算保住了四玫瑰的销售权。代野也作为"四玫瑰业务推进办公室"的室长，成为项目的实际负责人，又担任了四玫瑰酿造公司以及美露香公司的社长。

为了顺利实施"综合酒类化"项目，麒麟在发展洋酒品牌之外，也需要在日本国内推出其他酒类新产品。而在这一点上，前田看中的就是过去的部下鬼头与和田二人正在推进的冰结项目。二人开发的冰结，原本应该作为麒麟西格拉姆旗下的品牌，由该公司的销售部门销售。但因为业务整合，冰结也转为麒麟总公司旗下的品牌，并由总公司销售。

虽说如此，依旧有堆积如山的问题，比如公司内部反对意见的声音很大。这些反对派认为麒麟是主营啤酒的公司，没有必要特意去经营罐装Chu-Hi，让子公司来负责就足够了。传统企业在开创一项新的事业时，总会无可避免地出现一批抵抗势力。但面对这些抵抗势力，前田毫不退让。他用极高的办事效率和锐不可当的气势,迅速拦住了这些抵抗势力。

鬼头后来回忆:"前田先生会果断地把自己认为是对的事情做到底,他在反对派面前,保护了我们这些在第一线工作的人。"前田采取了某种意义上的强制手段,迅速令公司内部通过了一个又一个热销商品的计划书。正因他的强硬手段,麒麟的商品线上才会出现一番榨、淡丽、淡丽绿标等众多热销产品。但前田也因此在公司内部树敌颇多。不过,这也无可奈何。

总之,前田在麒麟的董事们面前直接展示了鬼头他们制作的"冰结"样品,最终,他令冰结顺利加入了麒麟总公司的强大销售网络。子公司麒麟西格拉姆的面向一般消费者的商品计划书被母公司麒麟采用,这是第一次。算上之前被采用的商用 Chu-Hi 计划书,冰结是第二个被母公司采用的项目。

"微妙甜味"的秘密

从和田那听到，前田顺利让董事们认可新产品之时，鬼头并没有觉得特别意外。他始终对这款伏特加基酒的新Chu-Hi有着无比坚定的信心，认为产品一定能获得董事们的认可。收到消息时鬼头正如往常一样，重复尝试着将不同的果汁和伏特加进行调配并分别加以品鉴。

因为冰结确定要作为麒麟总公司的品牌进行销售，和田还被调去了总公司出差。这也是继他参与淡丽的开发项目之后，第二次到总公司工作。2000年6月，和田带领的项目团队在总公司市场部内成立，一共四名成员。除了和田，还包括从生产清凉饮料的麒麟饮料公司调来的一名员工，以及总公司的年轻男女员工各一名。而鬼头则继续留在了当时位于静冈县御殿场的富士御殿场蒸馏所。在蒸馏所另组了一支以鬼头为中心的"最强团队"专门负责冰结项目，其中包含当时的四名首席调酒师。

项目相关团队各个士气高涨，连日常工作都尽心尽力。团队成员们大多怀抱着"期望能借此商品，打破商品开发框架"的理想，他们想制作的不仅仅是单纯的Chu-Hi，而是能把啤酒、发泡酒乃至日本酒的受众全部收归旗下的"市场创造型"商品。他们不仅想让麒麟的首个罐装Chu-Hi产品大获成功，更想借此加快推动日本酒类市场整体结构改革。鬼头还希望尽可能将冰结打造成一款高质量的产品。他们从一开始，就决定不断增加冰结的口味。前田在麒麟高层们面前展示的冰结样品中，除了主推的"柠檬"和"西柚"味产品，其实还准备了"梅子"和"洋梨"味的。

不过，虽然样品得到了麒麟董事们的认可，但鬼头仍为了一个问题而伤透脑筋。他后来回忆："样品用伏特加做基酒，除掉了一切多余的味道。但如果不能进一步优化，单凭这样是战胜不了三得利的，而且我们也没能做到在其中加入一些微妙的甜味。"在冰结中，唯有果汁能够承担"提供微妙的甜味"这一使命。因此，鬼头一直都在反复尝试用不同配比的果汁进行调酒，以期能对产品口味进行些许的提升。产品被麒麟高层认可的消息传来时，鬼头依旧在专心致志地研究果汁配比。

就在此时，团队中有人提出了这样一个方案：不用浓缩还原果汁，而是用鲜榨果汁来调酒。提出方案的是那位从麒麟饮料公司调来的员工。所谓"浓缩还原果汁"，就是指将果汁进行加热，使其中水分蒸发后，如字面意思一般被"浓缩"的果汁。这种果汁可以在零下20摄氏度冷冻保存，因为体积较小也更便于运输和储存。使用时进行解冻，然后加水稀释即可。

因为日本国内并不产柠檬和西柚，所以通常需要通过海运进口果汁。因此出于对成本的考虑，即便是标注着"100%果汁"的产品，一般也都是用浓缩还原果汁制作的。而"鲜榨果汁"则是从水果中直接榨出的果汁，仅为了消毒经过了简单的高温处理。运输和保存时同样需要进行冷冻，但使用时直接解冻即可，不需要另外加水稀释。

未经过多加工的鲜榨果汁，风味上比起前者自然更胜一筹。但因其体积相对较大，运输和储存上花的成本也更高，而且也不好存放。因此，鲜榨果汁不适合用于量产，基本是业界的共识。即便如此，冰结的开发团队仍旧认准了要使用鲜榨果汁。要赋予产品"微妙的甜味"，品质更好的果汁必不可少。

不过，麒麟公司内部自然又是一片反对之声。这些反对派认为使用鲜榨果汁的成本太高，售价不过 140 日元的罐装 Chu-Hi 没有必要用这么好的果汁。他们的言论也不无道理，使用鲜榨果汁会导致成本上升这一点是无可争辩的。但冰结团队与这些人不同，他们认为即便成本有所上升，只要最终产品能够畅销，问题就能迎刃而解。这和过去前田打造"一番榨"时的想法异曲同工。最终，前田和之前一样压下了反对意见，决定使用鲜榨果汁。

更名即改命

一决定采用鲜榨果汁，鬼头就开始对世界各地生产的柠檬和西柚进行调查。他面临的问题是要从何处用何种方法将能够赋予产品"微妙的甜味"的果汁运到日本。

挑选果汁除了看味道和品质，还需要考虑诸如供货量有多大，有没有冷冻设备等很多要素。鬼头则无比严格地考察了每一个因素。最后，鬼头通过公司的一家香料供货商得来的信息，找到了意大利西西里岛的一位种植户，解决了果汁的来源问题。眼看着冰结就要突破最后的难关，实际上，还有一堵高墙尚未跨越。

一开始，冰结的发售日期定在了2001年4月，但实际上到7月才正式发售，远远超过了预定日期。问题并不在于生产链，御殿场蒸馏所内专用生产线的建立和冷冻冷藏设备的安装等虽有不顺，但终究赶上了工期。陷入瓶颈的反而是质检环节。因为这是日本第一次有酒类产品在生产中使用鲜榨果汁，因此在质检和产品评鉴上花费的时间远超预期。当时刚刚就任麒麟社长的荒蒔康一郎，内心也曾为此焦灼不安。冰结作为综合酒类化计划的第一项产品备受期待，荒蒔十分担心如果发售日期一再推迟，会导致产品销量不佳。不过，冰结的开发团队倒并没有受到荒蒔的影响，而是继续研究如何精益求精。

冰结的包装也极有特点，是对手公司产品没有的全新设计。主色调定为带有金属感的蓝金色，罐体则选用了一种有些特殊的易拉罐（东洋制罐公司生产），如果拉开就会在表面形成轮胎形状的凹凸。商品最初正式定下的名字为"冰结果汁"，酒精度数为7%，售价则与三得利的"Super Chu-Hi"相同，350ml罐装售价140日元（税前价）。发售日期则定在2001年7月11日。

冰结一经发售，立刻掀起了巨大反响。在7月最后一个周五，麒麟社长荒蒔亲自到台场参与了产品的促销活动，亲身感受了产品的巨大人气。但在麒麟公司为此欢呼雀跃之时，也从消费者那边得到了"商品名字容易引起误解，让人以为是果汁"的投诉。因此，在发售第二年的2002年4月，麒麟从商品名中去掉了"果汁"二字，将其改为"冰结"。

不过，虽然被人投诉，冰结的人气却未曾受损，甚至因为销量太好而供不应求。但话说回来，麒麟的主战场终究是啤酒和发泡酒市场，而在这一主战场上，麒麟在2001年这一整年都败给朝日是无可辩驳的事实。正是为挽救这一局面，荒蒔才在 2001 年 11 月提出了"新麒麟宣言"。但荒蒔的确感受到了罐装 Chu-Hi 市场中蕴含的潜力。后来因为实在供不应求，2001 年末冰结还被迫缩小销售范围，只在东日本地区销售。荒蒔为此还多次向西日本的各个货运公司诚恳致歉，并承诺第二年一定会扩大供货。

冰结在夏季啤酒旺季将要结束的 7 月正式发售，原本到年末的销售目标仅为 400 万箱（1 箱含 250ml 罐装酒 24 罐）。虽未公布，但其最终达成的销售成绩是 611 万箱，非常热销。因为果汁没能成功补货，冰结后期未能顺利增产。

在发售第二年的 2002 年，麒麟便从阿根廷等地扩大了果汁的进货渠道完善了增产机制，结果这一年冰结卖出了 2230 万箱，远超三得利 1780 万箱的成绩，麒麟大获成功，也因此一跃成为罐装 Chu-Hi 市场的第一。据推定当年麒麟所占的市场份额为 27.4%，三得利则为 21.9%。

以冰结的大火为契机，各个业界同行都纷纷将罐装 Chu-Hi 的基酒从日本酒换成了伏特加。结果这一举动立了大功，罐装 Chu-Hi 市场因此大幅扩大，与不断缩小的啤酒市场形成了鲜明对比。一位三得利的干部，分析冰结大卖的原因："麒麟听取消费者的意见，将商品名从'冰结果汁'改成'冰结'，反而给商品增加了一丝神秘感。这是它大火的一个重要原因。如果继续沿用之前的名字，不会让人觉得眼前一亮，商品的销量也不会迅速上涨。"

或许真是麒麟时来运转，冰结的销量一路飙涨。在其发售第 5 年的 2005 年，销量已经达到 3600 万箱。其占据的市场份额据推测已经达到 34.5%，是罐装 Chu-Hi 市场上一骑绝尘的第一名。罐装 Chu-Hi 市场的整体规模也随之不断扩张。冰结发售时的市场规模仅有 5899 万箱，到 2005 年已经扩大到了 1.47 亿箱（合 62.82 万千升），涨幅接近 77%。（以上均为推测数据）

不过冰结能够一骑绝尘，也有对手"失策"的成分。2003 年 4 月，三得利大张旗鼓地开发了一款面向 20 岁年轻人的罐装 Chu-Hi 产品"青春"，但最后却没能发售。焦虑难安的三得利，由于太想赢得 20 岁年轻人群体的青睐，犯下了一个令其悔恨不已的错误：将"Super Chu-Hi"的广告主演，从作为"Super 部长"人气很高的三浦友和，换成了年轻明星稻垣吾郎。这一举动严重失策。此前，面向中高龄消费者的"Super Chu-Hi"与面向年轻消费者的"冰结"，可以称得上一直是"井水不犯河水"。但三得利亲自越过了两者之间的楚河汉界。

前文提到的那位三得利的干部想起此事也是悔恨不已，认为三得利各种"瞎折腾"，反而让"Super Chu-Hi"走上了一条错误的道路。麒麟曾犯下过将麒麟拉格生啤化的重大失误，而三得利这回算是重蹈了麒麟的覆辙。

罐装 Chu-Hi 后来被统归在"RTD（即饮型饮料）"

中。所谓RTD，指的是预先包装在罐中，直接开盖即饮的饮料。罐装嗨棒（Highball）酒、装在一次性瓶中的低发泡型酒精饮料、无酒精的罐装饮料等都包含在列。

2021年，RTD的市场销售额推测已达165万千升，几乎已经扩张到了啤酒类市场（啤酒、发泡酒、第三类啤酒等）的40%左右，比2005年扩大了约2.6倍。而在RTD市场上，虽然在2018年之后，市场竞争不断白热化，日本可口可乐公司也通过发售"柠檬堂"这一产品加入了竞争，但至今仍旧保持着三得利与麒麟两家独大的局势。三得利在2010年，通过发售大量新产品成功超过了麒麟。在2021年，三得利大约占有了40%的市场份额，麒麟则占近30%，稍弱于三得利。

不过，如果从单个商品来看，"冰结"至今仍旧保持着RTD市场第一品牌的位置，占有着15%以上的市场份额。

前田撒下的种子

对于冰结取得的成功，前田曾这样对笔者说："冰结成功的最大原因，在于其产品定位非常成功。它开拓了罐装 Chu-Hi 酒市场上的一个新领域。那种微妙的甜味，得到了以年轻女性为首的广大消费者的支持。而且，它跨越了公司间的藩篱组成了一个开发团队，成员们万众一心，也给公司带来了新的突破口。"

如果只由麒麟总公司来进行罐装 Chu-Hi 产品的开发，会变成什么样呢？恐怕开发团队很有可能被困在"Chu-Hi 就得用日本酒做"的刻板观念里，根本不会出现制作以伏特加为基酒的罐装 Chu-Hi 这种灵活的构想。事实上，2001 年 5 月，朝日开发的一款罐装 Chu-Hi 酒"Gorichu"就是如此，采用了日本酒做基酒。这款以"为上班族加油"为商品理念的酒没能畅销，最终失败。

麒麟总公司和子公司麒麟西格拉姆的员工此前几乎没有交流，但他们通过冰结的开发项目，团结一心、共同努力，最终收获了巨大的成功。这有着比前田所言更为重大的意义。此前的麒麟，是一个同质性很高的企业。员工大半都来自名牌大学，全是在毕业前就已经被公司提前录用的"精英"。虽然个个优秀，但缺少在周围人一致反对的情况下，依然坚持做完困难工作的魄力。麒麟前社长佐藤指出的"麒麟的弱点"也正在此。但在冰结项目中，在不同的企业文化中培养出的子公司人才们发挥了很大的作用。总公司缺少的要素，被子公司完美地补上了。

一般来说，越是传统的日本企业，越会坚定地认为如果团队中有不同背景的人才，会更容易导致意见冲突。文化背景不同也会令成员间生出隔阂，最终导致项目不能顺利推进。实际上更多的情况是，团队里有不同背景的人才反而会有奇效。越是同质性强的企业，成员越容易互相钩心斗角，难以团结一致。全新的构想也难以诞生，从长期来看对企业的销售额有百害而无一利。与之相对，富有多样性的企业，才能自然地酝酿出互相尊重的企业氛围，才能令员工自由地展开想象、开发出全新的产品，才能令销售额稳步上升。

过去战胜麒麟的朝日坚持的企业模式，就是全员朝着一个目标团结在一起。要做到这一点，对于过去那个沉浸在成功体验中、厌恶变化、公司内部钩心斗角不休的麒麟来说难于登天。如今通过冰结项目，各种背景不同的人才们都团结一致，牢牢拧成了一股绳。这或许才是冰结给麒麟带来的最大的成果，证明了朝日能做到的事情，麒麟一样也能做到。

前田，正是带领麒麟取得这一成果之人。前田作为部门领导，毫不畏惧团队成员个性不一，而是创造出了富有多样性的团队。他虽是统合者（整合者），但并没有过多干涉年轻员工们的行动，而是充分给予他们发挥能力的空间。因为前田，过去那个无比闭塞的老旧麒麟，也开始一点点地浮现转变之光。

部下的严重失态

2002年夏天，第一届日韩世界杯开幕，日本国内为此一片沸腾。自1978年，麒麟就开始为日本足球代表队提供冠名支持。有前缘在此，麒麟这次也推出了"日本足球代表队加油罐"特别包装款的淡丽，在罐身上印着各个出场选手的亲笔签名。"日本代表队加油罐项目"团队的领导人是麒麟市场部的上野哲生。当时上野年近40，在带领团队成功开发了淡丽绿标之后，就被升到了管理层。

上野直接带着这些特别包装的啤酒，去大型连锁超市集团的总公司推销。得到的反馈非常不错，喜欢足球的消费者非常中意这款商品。于是，这家大型超市决定向麒麟大量订购该商品，与上野一同去推介的麒麟营销员也非常高兴。除了大型超市，"日本代表队加油罐"在其他地方也广受好评。世界杯的盛况也助其一臂之力，销售可谓是极其顺利。

然而，就在一片向好之中发生了一起出人意料的"事故"。有一天，麒麟的顾客接待室接到了一通咨询电话。

来电的是一位年轻男性，他问："日本代表加油罐的淡丽，和普通淡丽里装的酒是不是不一样的酒？"接到这通电话的办公室负责人，将电话转接给了上野。上野则想着要尽可能在消费者中博得好口碑，便回答："不，里面装的就是普通的淡丽，只是包装换了而已。"

而来电者听了这句话之后的回答，却令上野感到十分不安。"这样啊，我看罐子上标注的原材料和淡丽之前的有些不同，所以有点介意，就打电话来问一问，"在上野为此心中一跳的同时，来电者接着说，"普通淡丽的原材料表中写有大米这一项，但日本队加油罐上并没有写。"听完这话，上野如坠冰窖。他强压着颤抖的声音回答："里面装的酒和普通的淡丽是一样的，请您放心。"之后，便匆匆挂了电话，立刻向放有商品样品的货架冲去。

一路上，上野还不断安慰自己，他心想着顾客有时经常会看错的，应该是没有问题的……但当他拿到了放置在货架上的"日本代表队加油罐"样品，焦急地确认过原材料表之后便彻底绝望了。日本代表队加油罐的原材料表上，真的漏掉了大米。上野心如死灰，他的职业生涯或许因此彻底终结。最终对日本代表加油罐的包装设计进行检查的，是负责人上野，他清楚地记得自己最后信誓旦旦为产品打包票的样子。上野面色一片苍白，但即便如此，当务之急仍是立刻向前田报告此事。

第八章　由异而生的"冰结"

前田向来非常严厉，即便是小失误也会斥责下属，更何况这回是全日本都非常关注的日本代表队加油罐出现了标注错误。上野犯下这么严重的失误，前田必然勃然大怒。"部长，非常抱歉……我有一个严重失误要跟您汇报……"

上野向前田报告时，几乎都不敢直视前田的脸色，声音也是嘶哑不成声的。他用尽全身力气，总算是向前田报告完了。但沉默着听完上野所言的前田只是说："这样啊……"其语气之冷静令本以为要承受滔天怒火的上野顿觉无比意外。前田甚至都没有从椅子上站起来，而是沉着冷静地对上野说："总之，你先去把你目前能做的事都做了。"

前田的反应，令上野顿悟了一个道理：面对危机时，往往能够看出一个人的"本性"。在真的面临严峻危机时，越是优秀的上司，越不会打压犯错误的下属的情绪。向下属发怒并不能解决任何问题，冷静地思考善后方案才是一个好上司应该做的。

销售部的干部，却带着部下到市场部办公室来大骂了一通。"你们都干了些什么好事！"销售部的干部发出的一声怒吼，回响在市场部的办公室里："善后工作我们销售部会去做，你们这些人就在这好好反省吧！"上野立刻召开了会议，决定迅速在本公司的网页和新闻广告刊登"谢罪文"。另外，麒麟的高管们决定将尚未出货的日本代表队加油罐产品全部做废弃处理，对已经售出的产品则不做回收。他们判断，尽管包装原料表上漏写了大米，可其他的原料均没有出现标注错误，而且里面装的酒也是货真价实的淡丽，因此应当不会造成很严重的影响。但此事造成的影响也并不小，例如上野亲自去推介的那家大型连锁超市，退回了其订购的所有产品。尽管麒麟的销售干部亲自前去道歉，也未能令其回心转意。

理想的上司

距离上野发现自己的严重失误已经过去了 10 天，这期间，尽管他已经把自己能做的事都做了，依然每日如坐针毡。终于有一天，市场部一位负责整体总务工作的中层管理者对上野说："（前田）部长叫你，跟我来吧。"这位比前田稍微年轻些的中层管理者，是前田的狂热拥护者。

两人一路上默默无语地走进了一间小会议室。前田就背对着窗户，坐在会议室里的长桌中间。那位管理者走向前田站在了他身后，上野则隔着长桌与前田面对面站着，两人都没有坐下。紧接着，前田开口了："那个，上野，我虽然很不情愿，但现在还是要对你下达惩戒处分。""是……"上野应道。"具体来说是通报批评，作为领导的你和项目具体负责人两个人都要写检讨。"

上野虽然有了会被处分的觉悟，但收到惩戒这么重的处分时还是多少有些吃惊，一时低头沉默不语。前田接下来的话，却让他有些怀疑自己的耳朵。"还有，刚刚和人事部那边说好了。接受惩戒处分的有三个人，我也会被通报批评。"

"什么？"上野和那位中层管理者一同发出了惊呼。前田紧接着说明了前因后果。大约 30 分钟前，人事部将前田叫去，向他告知了对上野和另一位负责人的处分。人事部的原话是："将通报批评两人，实施惩戒处分。"对此，前田提出了异议："请恕我不能接受。惩戒处分，是那些贪腐公司利益的人才会受的处分。上野他们在包装上漏写了'大米'的确是个大失误，但他们和那些私吞公司财产的家伙完全不一样，我不能接受将他们一概而论。上野他们两个为了公司，为了那些喜欢啤酒的顾客们，为了足球赛的盛况，更为了社会发展而拼命努力工作。他们却仅仅因为检查上的疏忽，就要被下达惩戒这么重的处分？如果真的这么做了，以后就再也不会有人想调来市场部或者麒麟总公司了。"

"前田部长，这样我们可没法为公司做表率呀，必须得明确个人责任，该处分就得处分。"

"你这说的是什么话！按你这么说，我的两个部下就应该当牺牲品吗？你们人事部的工作应该是培育人才，对吧？像这样毁了一个人，你们也能心安理得吗？"

虽说对方是人事部的干部，但前田毫不畏惧，语气也很不客气。接着，另一位人事部的干部说："您应该读过'员工守则'吧？里面就有着'给公司造成严重利益损失时，会被处分'这一条。这次的情况，就符合这条的规定。从人事的角度来看，我们认为给惩戒处分是合理的。"

两人焦灼地沉默对峙一阵后，前田开口说："你们如果一定要给上野他们惩戒处分的话，就先给我也发一个惩戒处分，一样被通报批评就行。"

"您这是干什么，我们怎么可能给您也下惩戒处分。确实，您有管理失职的责任，但并没有达到被惩戒的程度……"刚刚那位大谈符合规定的干部，此刻也狼狈地败下阵来。

惩戒处分，会在前田的人事档案中留下记录。但前田是公司里炙手可热的人物，也是同一批加入公司的员工中最早被提拔到部长级别高管的"第一选拔"人才。而且，在公司里，40来岁就任部长的只有前田一人，他升为董事也就是时间问题，将来说不准还会当上麒麟啤酒或者其他分公司的社长。如此优秀的人才，如果档案上留下污点，人事部反倒得为此负责。在包括麒麟在内的诸多日本企业中，上到高管董事下到新进员工，他们的人事任免权都掌握在人事部手中。参考上司对下属的人事评价，人事部对每一个员工的录用、调职乃至升职加薪都有着最终决定权。在诸多员工中，被人事部看好的，才能进入"第一选拔"队伍。身为最年轻部长的前田，作为未来企业经营人才的后备军，俨然已经是麒麟的招牌人物。人事部把他当成

"宝贝"来供着都来不及。

根据上野后来从人事部相关人士那听到的：前田态度强硬，一步也不退让。那时他坚定地说："我才是市场部的负责人。你们要给我的两名部下卜惩戒处分，就先给我下惩戒处分。这是我的条件，我绝不退让。"

说明完所有前因后果后，前田总结："就是这么回事了。""非常感谢您。"上野边说边深深低下了头。此刻，震惊之感已经消去，他的内心唯余一片感动。上野此刻由心觉得，前田先生是一位真正有大义之人，是全心全意地为同伴着想。

无论是上野，还是另一位要受惩戒处分的部下，都并非前田特别看重的下属。他保护他们并非出于私人关系，或者觉得某个部下能担大任，而只是单纯地不能允许自己的部下被轻易当作惩戒处分的对象，认为此事不公而已。前田，是一位会张开双臂挡在部下面前保护部下的人。

当时站在前田身后的那位中层管理者则说起了讨前田欢心的话："人事部那群家伙什么都不懂。他们也不知道来一线了解实际情况，可惹人头痛了。"

其实，不管是上野还是这位中层管理者，如果他们站在前田的立场上，恐怕都会站在人事部那一边，对受了惩戒处分的部下说些"你要好好反省这回的错误。决不能再犯"之类的话。这话听起来很漂亮，实际上等同于告诉这名部下他在这家公司已经没有未来了。如果碰上了一心想往上爬的上司,可能立刻就会把大部分责任推给下属,甚至还会用刻薄的言辞直接把下属赶走。

本来,管理层的人就很少会和人事部争辩不休。前田敢站出来与人事部正面对抗,或许已经靠着之前被降职的经验,做好了又一次被贬的准备。而前田的保护也确实起了效果。上野之后的职业生涯,并没有因为这次处分受到影响。后来,上野从市场部被调到了精英云集的人事部,最后还当上了人事经理和与人事事务相关的子公司的社长,到2021年才退休。后来回忆起这件事,上野依旧感慨良多,坦言:"那次惩戒和受到前田先生袒护的事,是我这34年半的职业生涯中最深刻的回忆。"

在市场营销中最重要的事

1989年入职麒麟公司的山田精二,也有着一些别样的回忆。2002年初秋的一天,山田被前田叫了出来。前田开口便说:"今天你的表现太差了,你小瞧了自己的工作。这也证明了你缺乏抽象概念意识,我们市场部不需要你这种人。"

这一天,山田刚刚接受了升为管理层(在麒麟叫作经营职)的升职考核。顺利通过笔试之后,他进入了面试环节,前田也是面试官之一。在面试中,有一位面试官问:"你之前都做了些什么工作?"山田回答:"我开发了一款名为淡丽绿标的低糖发泡酒,今年4月它正式发售。"

令前田生气的正是这一回答。他批评山田:"作为一名市场营销员,如果只能简单地描述事实,就等于是不合格的。"回想当时的情形,山田说:"其实,我应该这么回答:'如今人们的健康意识正在不断增强,我目前就从事着满足人们这项需求的工作。作为其中的一环,我主导开发了一款名为淡丽绿标的发泡酒。它是日本第一款热销的健康系酒类产品。此外，我还致力于在市场中定下健康系产品这一分类，并继续提升淡丽绿标的品牌价值。'"

这和山田之前的想法完全相反。此前的山田一直认为基于事实，简洁易懂进行说明，是工作上最为必要的能力。但前田告诉山田说："对市场营销这份工作来说，最重要的是能够直面复杂且抽象的概念。"被前田严肃地"斥责"过后，山田处理工作的方式也发生了巨大的转变。

故意露拙

2002 年 2 月 27 日，麒麟发售了一款发泡酒新产品"极生"。其 350ml 罐装的价格比一般产品要便宜 10 日元，为 135 日元。当时，麒麟解释极生能做到降低售价的原因："我们不给（批发商）任何销售奖励金，也不做电视广告，此外，包装尽可能地简单以减少成本。"

想出降低售价这一招的正是前田。极生的价格战略并非只降低价格这么简单，这一战略的原型来自 1999 年 1 月丰田汽车发售的基础款汽车"丰田威资"。它的真实意图是实施一项"全国统一价格"战略。废除销售奖励金制度，就能使全国各地的各个销售渠道都以同一个价格销售这款酒。

泡沫经济崩坏后，日本经济通货紧缩，各个小零售店都在过度地进行"价格战"。结果，无论是生产商还是零售商，利润都大不如前。正是为了避免出现这种现象，前田才不惜废除给批发商的销售奖励金制度，也要坚持统一全国售价。这一价格战略也确有奇效，极生的销路还算令人满意。

其实,在前田制作的所有商品中,极生是相当特殊的一个。根据山田精二的证实,前田平时总说产品想要大火,就必须得亲民,比起把产品包装设计得新潮、时尚,倒不如特意做得"土气"一点。而对极生,前田特意下了指令要把它设计得新潮一点。

"全国统一价格战略"导致了一个出乎意料的副产物。麒麟推出了价格低廉的"极生",被朝日解读成了另一回事儿:他们认为麒麟未来一定会走低价格路线,极生就是为此抛出的一枚探路石,麒麟也一定会把目前的主打产品淡丽的价格下调10日元。朝日根据这一解读,立刻开始思考与麒麟抗衡的对策。最终,朝日决定在"本生"发售满一周年之际,于当年的2月21日到3月末这段时间,将该商品的价格降低10日元。对于这一低价销售路线,朝日内部也有反对的声音。朝日市场部就表示强烈反对,认为降价无异于降低品牌价值,好不容易大火的本生可能因此夭折。但朝日公司内部占主流地位的销售本部,以"决不能让麒麟反超我们"作为金科玉律,主张一定要采取降价措施。

结果,销售本部的意见通过了公司审议,本生的降价也并非局限在2月末到3月末,而是持续了整整一年。2002年6月,350ml罐装本生的价格正式从原价下降了10

日元，仅售 135 日元。知道了本生降价消息的前田极为愤怒地骂道："朝日到底在想什么！"如果啤酒业界全都参与到这场没有下限的"降价大战"中，那么各个生产商的利益都得不到保障，到最后就是胡乱消磨各个企业的生命力。前田本是为了给这场无底线的"降价大战"踩下刹车，才提出了"全国统一价格"战略，如今的结果却完全违背了他的本意。

受朝日降价的影响，其他三家主要啤酒公司也相继将其主打发泡酒产品的价格降低了 10 日元。发泡酒的零售价格，在 2002 年初为 110 日元上下，但到同年 6 月就有店家实际上只卖 100 日元了。这样一来，在啤酒业界无论是生产商还是销售商，都被卷进了一场"消耗战"。不只是前田，其他三家啤酒公司的首脑，都因此对朝日之举非常愤怒。

这场降价大战，甚至还带来了另一个恶劣影响——增税。2000 年和 2001 年底，啤酒业界均团结一致反对"发泡酒增税"，2002 年初时刚刚成功避免了增税措施落地（2000 年朝日没有参加）。但降价大战，却给税务机关找了一个绝佳的增税理由——既然能降价，那就说明你们其实还有交税的余力。于是，虽然 2002 年末四大啤酒公司也一同争取避免增税，但对发泡酒的增税决定还是无情地落地实施了。2003 年 5 月，350ml 罐装的发泡酒每罐的酒税都增加了 10 日元。

但增税还并不是啤酒业界的真正危机，最严重的问题是啤酒市场的逐年萎缩。自 2002 年以来，啤酒市场的规模一直在逐年缩小，哪怕现在也是如此。唯一的例外就是 2004 年，这一年札幌啤酒在全国范围内发售了"第三类啤酒"产品，三得利也发售了这类产品，啤酒市场因此呈现出一片盛况。啤酒类市场的峰值出现在 1994 年，若按当年四大啤酒公司（除去排第五奥利恩啤酒公司）的出货量来计算，市场规模可达 5.6785 亿箱。但这一数据，在 2019 年，已经锐减到了 3.8458 亿箱（受新冠疫情影响，商用啤酒的销量一蹶不振，断崖式下跌。2021 年四大啤酒公司的总销售额预计只有 3.308 亿箱）。按计算数据，从 1995 年到 2019 年的这 25 年中，啤酒类产品的市场规模已经减少了 1.8327 亿箱，尤其是 2002 年以后，减少率尤高。

在这种啤酒市场逐渐缩小的背景下，无论如何降价，啤酒能够达到的销售总量都是有限的。因此，价格下降多少，就等于是啤酒公司的利益损失多少。若是消费者因为降价对啤酒类饮料形成了"都很便宜"的印象，也会造成隐患。

但降价也并不是朝日一家公司的过错，而是啤酒业界全体的问题。这场降价大战就如同附骨之疽一般，逐渐消耗着啤酒市场的生命力。然而，冰结的热销，带来了 RTD 市场的扩大。很多消费者从发泡酒市场流向了包括罐装 Chu-Hi 的 RTD 市场。

第九章 往日辉煌不可沉醉

扎根一线

据前田的部下上野哲生说,前田是一个扎根一线的人。他特别喜欢生产和销售这种一线工作,对人事部以及企划部等部门的工作则并不怎么喜欢。即便如此,前田也不得不进行一些"转变"。2004年3月末,前田作为市场部部长升任公司执行董事,在半年后的2004年9月,又作为执行董事就任酒类销售本部企划部部长。如此一来,前田便离开了市场部,这也令前田此后的命运为之大变。

2004年2月4日,札幌啤酒在日本全国范围内发售了市场上首个第三类啤酒(也叫新种类啤酒)产品"Draft One"。其实,在2003年秋季,札幌啤酒就在日本北部九州(包括福冈县、大分县、佐贺县、长崎县几地)进行了Draft One 的试售。

据当时任麒麟社长的荒蒔说,Draft One 的成品最终做得很好,和试售时的产品完全不同。他在品尝了后来在日本全国发售的正式版 Draft One 之后,立刻下达指令,麒麟要在2005年春天推出一款第三类啤酒产品。而负责该项目的，则是通过前田在 2001 年实施的公司内部招聘加入市场部的土屋义德。2004 年 12 月，在严格对外保密中，这款新商品被命名为"喉越"（为顺喉之意），商品本身的制作也由土屋全权负责。

同时，麒麟也在暗中取得了第三类啤酒的生产许可证，并吸取了冰结发售时供不应求导致断货的经验，提前在工厂做好了生产准备。除了宣布要在 2005 年春推出第三类啤酒产品的麒麟，朝日也在 2004 年末宣布加入该类啤酒的生产和销售。于是，随着两大啤酒公司相继加入第三类啤酒市场，一场围绕着第三类啤酒的"战争"就此爆发。

麒麟生产部门为了满足销售部门想赶在赏花时节推销新产品的要求，决定于 2005 年 4 月 6 日正式发售"喉越"。工厂的量产体制建设也因此加快了脚步，最终，新品比起原定计划成功提前了两周发售，赶上了 4 月 6 日的发售日期。另一边的朝日也在同年 4 月 20 日发售了一款第三类啤酒，刚发售时销量火爆，但很快就陷入低迷。主要原因还是朝日明显准备不足。在产品发售前，就有日本财务省计划将"对第三类啤酒采取增税措施"的消息传出。朝日的经营团队听闻这一消息后，认为如果国家在年末的税制改革上确定增税，就应该放弃继续参与第三类啤酒市场。因此，即便产品正式发售之后，朝日也并未做好长期销售准备。与之相比，麒麟的经营团队早早就做出了决断：即便增税，也要参与第三类啤酒市场。

结果，对第三类啤酒的增税措施延后了一年，2006年才正式落地。延后的主要原因与札幌啤酒有关。此前札幌啤酒已经发售了"Draft One"这款第三类啤酒，因此增税的消息一出，札幌啤酒在2004年秋季就开始去日本自民党的税制调查委员会、财务省，乃至政府税务调查机关四处游说，试图推迟该政策落地。当时札幌啤酒的顾问福田贞男说："（2004年的时候）财务省是真的在考虑增税的。我们四处游说，还和关系比较深厚的一位议员陈情：'这次如果增税，就是针对个别企业，实在是不公平。'"

好施于人

麒麟拿出了总决战的态势来销售喉越。据说,当时身为麒麟常务董事的销售部门首脑加藤壹康曾驾驶着露营车,亲自去全国的分店和各个销售第一线巡回考察。因此,时不时还要自己在车上做咖喱饭等果腹。这一露营车巡回战略也是当时身为企划部长的前田制定的。

麒麟集结了全部力量来促进销售,也取得了相应的成效。喉越成功大卖,到 2005 年末已经卖出了 2787 万箱(一箱 20 大瓶),顺利超过 Draft One 成为第三类啤酒市场的第一热销产品。尽管啤酒市场上的第一宝座被朝日夺走,但麒麟凭借着淡丽、淡丽绿标以及喉越分别在发泡酒和第三类啤酒市场上取得了成功,转而对朝日发起了反攻。

2005 年,麒麟的市场份额比上一年增长了 1.3 个百分点,达到了 35.7%。而朝日的市场份额则减少了 0.8 个百分点,跌至 38.8%。此时,两者之间的差距已经缩至 3% 左右。并且,麒麟在 2006 年上半年还在短时间内成功实现了一次反超。当时麒麟的市场份额为 38.4%,朝日则为

36.0%。不过从2006年全年的数据来看，朝日占37.8%，麒麟则占37.6%。朝日虽胜，但差距不过毫厘。麒麟正一步一步地追上朝日。但其实朝日引以为傲的团结力和销售能力并未衰退，主打产品超爽啤酒也依旧十分畅销。可自超爽啤酒以后，朝日便再也没有诞生过其他像样的热销产品。而前田和他培养的一大批部下却为麒麟开发出了数个热销产品。麒麟逐渐满足了"夺回第一"的条件。

不过，对于麒麟来说，还有一道必须跨越的难关。在喉越销量喜人的2006年新年之际，麒麟又一次陷入了公司首脑人事任免混乱的风波。时任社长的荒蒔，指名由一位内务部门出身的高管来接任他的岗位，但这一任命未能在公司通过。据一位麒麟当时的干部说，上一任社长即当时已经退居公司顾问之位的佐藤安弘反对这一任命。荒蒔指名的那位高管，刚好和佐藤同为会计部门出身，所以佐藤的反对显得极有说服力。佐藤另外推荐了身为销售部门首脑的加藤壹康作为下任社长人选，因此麒麟便又陷入了混乱。

本来社长对于后继者的人选问题，应当是有独立决定权的。荒蒔当社长期间还发布了"新麒麟宣言"，为麒麟的逆袭创造了契机，如今淡丽、冰结和喉越都成了热销产品，销量也一直稳中向好。即便是有如此功绩的荒蒔，也无法做到自己决定下任社长的人选，这无疑是公司管理上的一个严重问题。

了解此事的麒麟相关人士，大多都对佐藤的行为表示不满。他们认为在这次的人事任命上，佐藤或多或少都有些"老害"①了。当时，佐藤在公司都没有实职，却对社长的人事任命横加干涉。

其实，佐藤自己也是与"老害"抗争过的人。1993年，因商法违反事件本山英世辞去了会长一职，但仍旧频繁出入麒麟公司。当时，对本山直言并请他今后不要再来公司露面的正是佐藤。但当佐藤自己成为公司顾问之后，反倒也一样频频在公司露脸，实在是非常讽刺。

朝日的前任社长樋口广太郎曾说："人也有季节。"但立场一旦发生变化，人或许也会跟着变了。不过，前田仁，终其一生也从未改变。即便身处麒麟这一庞大企业，前田也从未追求过一己私欲。为了能制作出实实在在的好产品，他有时甚至会张开双臂挡在部下面前，为他们抵挡公司内部的批评指责。

麒麟"传说中的销售员"真柳亮曾感慨："前田先生从来不是施恩图报的人，他一向好施于人且不求回报，对谁都一视同仁。"哪一个行业的职场都是残酷的，人们为了生存，有时不得不参与为了利益不择手段的职场竞争，此时高洁的品性反倒会拖后腿。在这种背景下不只是麒麟公司，哪怕放眼日本所有企业，前田仁这样的人也是极为少有的。

---

① 译者注：指借实权或地位打压年轻一辈，拖后腿的高龄人士。

改变业界规则的极生啤酒

最终,佐藤推荐的社长人选加藤壹康,在 2006 年 3 月坐上了麒麟社长的宝座。这也是自本山英世之后,时隔 14 年有出自公司主流部门销售部的人当上社长。在 2006 年 1 月 16 日召开的就职记者会上,加藤说:"被朝日打败时的悔恨之情,我一日未忘。我一定会带领麒麟实现对朝日的反超。"

加藤于 1944 年出生在静冈市,1968 年从庆应义塾大学商学部毕业后,便进入麒麟工作。1985 年他去美国麻省理工学院留学,并拿到了 MBA 学位。之后又在负责美国地区销售业务的麒麟 USA 纽约分公司(KIRIN USA)前后当了四年副社长,两年半社长。也因为这一经历,加藤有着熟悉美国销售业务的优势。

加藤表面看起来平易近人,实际上做事态度十分强硬。他成为社长之后,很快便实行了"独裁式"的经营。但加藤很看重前田,前田也因加藤成为麒麟经营团队中的一员。令两人构建起深厚关系的契机,则是一项针对啤酒类产品的"新交易制度"。

"新交易制度"的内容就是,废除建议批发价与建议零售价,导入公开的价格体制。生产者将只为批发商和零售商提供商品出货时的价格,至于批发价和零售价则由各销售商自行决定。基于这一制度,生产商按照批发商的订货量给批发商回扣的所谓"订货回扣"制就此废除(不过,生产商为了提高交易效率而提出的"效益回扣"还是保留了下来)。

在2004年新年之际,麒麟便宣布将在一年后在交易中导入这项"新交易制度",其他的生产商也纷纷响应。于是在2005年初,这一制度便在麒麟的主导下开始正式实施。而主导该制度变革的中心人物,正是当时还身为销售部部长的加藤。一位麒麟的前高管回忆当年的情况:"加藤先生希望能够将美国的经济制度带进日本,于是他效仿美国的做法,越过了批发商,生产商和零售商直接进行交易。这和永旺集团的冈田元也社长的想法不谋而合,实际上佐藤先生和他的关系似乎也很好。"

其实,早在2001年10月,佐藤就已经开始设计"新交易制度"的内容了。当时他作为执行董事从九州分公司的社长升任为总公司酒类销售本部的销售部长。而此时,全国售价统一且销售中不提供任何回扣的发泡酒产品"极生"的开发工作已经接近尾声。

2006年2月9日，已经决定就任麒麟会长的荒蒔，在接受笔者采访时说："极生就是2005年的新交易制度的'排头兵'。从20世纪90年代开始，啤酒业界就苦于降价大战，回扣更是令降价行为更加严重的元凶。极生就是为了改变这一现象，作为游戏规则的破坏者被开发出来的。批发商们一开始表示如果没有回扣的话他们也没法赢利，并且一致反对这个制度。于是，我们花了大量的时间去说服他们。渐渐地他们也转变了观念，开始认为如果大家都不去乱降价且好好卖商品的话，自然就能赢利。"

不过，前田一开始制作极生时，倒没有想到交易体制改革这么高深的层面。据当时麒麟市场部的一位员工所言，前田一直认为必须消除消费者对发泡酒价格的"不信任感"，才想要实现统一价格销售，令同一个商品无论在何地购买都是同一个价格。实际上，不给批发商回扣的极生就是为此研发的。据说，前田还频繁地和加藤探讨如何才能实现这一目标。前田与加藤关系深厚的原因，估计就在于此。

前田与加藤的关系，也绝非前田阿谀奉承加藤。就像曾经被称为"天皇"的本山英世一样，同为独断型领袖的加藤身边也逐渐有了一大批谄媚之人。即便如此，前田始终坚持贯彻他"凡事必抒己见"的行事风格，而且加藤也从未因此怪罪前田。在加藤的手下，前田渐渐开始发挥他的经营手腕儿。2006年11月，为实现与美露香公司的业务协作，麒麟决定以较为友好的TOB（公开收购）形式对美露香公司股东的股份进行收购。负责这一项目的，就是当时任职企划部部长的前田。最终TOB非常成功，美露香在同年12月便成为麒麟的子公司。

在2007年7月，麒麟开始实行纯粹持股公司制，更名为麒麟控股（麒麟HD）集团，美露香也变为了麒麟控股旗下的业务子公司。此时前田兼任了麒麟控股的常务执行董事，也作为美露香公司的代表董事就任其专务执行董事一职。

有困难的时候就去找前田

2009年1月26日,这一天的下午3点,麒麟在东京都千代田区的东京会馆召开了一场记者会,宣布了前田将出任碳酸饮料业务子公司麒麟饮料公司的社长一事。

当时在台上,坐于中央位置的是麒麟控股的社长加藤。从记者席看去,他的左边是前田,右边则坐着与前田同届加入公司,即将就职麒麟啤酒公司社长的松泽幸一。前田虽说与松泽同届,但因为松泽本科毕业后接着读了研究生,年纪比前田要年长几岁。加藤在之前就认为前田是一个很有经营者素养的人。正如他所言,前田最终成了一家实业公司的经营者。

前田成为社长之后,公司立刻为他准备了专车接送他通勤。前田却以打算继续坚持坐电车通勤为由拒绝了这一安排。他认为如果坐专车上下班,一定会导致"平民感"的流失,在通勤高峰期挤满员电车上下班,反倒能更好地亲身感受平民百姓的想法、行动以及偏好。对前田来说,比起坐着专车沉浸在自我满足之中,通过公共交通,日复一日地收集大众信息更为重要。

即便就任社长，前田的本质仍旧未曾改变。不过从麒麟饮料公司的角度来说，派专车接送公司社长，并非为了奢侈享受，而是出于安全的考虑。据说麒麟饮料公司的人言辞恳切地劝说前田："您如今成了社长，您的安全就不再是您一个人的事情，而与我们整个公司息息相关。如果您不接受我们派车接送的话，我们也会很难办。"听了这番劝说后，前田才不情不愿地同意了坐公司专车通勤。

据2009年时任麒麟饮料公司宣传部部长的坪井纯子（如今为麒麟控股的执行董事兼人事总务战略负责人）回忆，前田就任社长时曾说："一个公司决不能因过去的成功就不思进取，必须时时刻刻都把追求下一次成功、不断创造新价值当成自己的目标。"

坪井在1985年于东京大学理学部毕业，之后便入职了麒麟啤酒，作为第一代女性综合职员被分配到制造部技术科工作。1997年她成为麒麟第一位女性高管，更是在2014年成为麒麟第一位女性执行董事，是一位"揽尽第一"的人才。在坪井看来，前田本身就对不思进取地沉浸在过去的成功里毫无兴趣。即便被人誉为"爆款制造人"，他心里也是不喜这一称呼的。他最为关心的始终是如何抓住不断变化的"顾客"的心。

他认为，前田学识丰富，即便是日常普通的对话，他的话语中也时常闪烁着人文的光芒。在市场营销上，他坚持着自己一贯以来的哲学：顾客想要什么样的商品？将顾客想要的商品打造成什么样子？以什么样的方式出售……在前田眼中做市场营销必须综合考虑上述所有问题。换句话说，对前田而言，市场营销并非一门打造热销产品的单纯学问，而是做生意的本质，更是企业经营的本质所在。

关于成为社长后的前田，还有另一段小插曲。据说前田并没有在麒麟饮料公司的社长室办公，而是将自己的办公桌摆在了宣传部的一角，一个离顾客咨询处很近的地方，恰好就在当时身为宣传部部长的坪井旁边。坐在这个位置上，前田总和员工们说："要好好去听顾客的意见，让顾客为我们做决定。"顺便一提，那间前田没有使用的社长办公室，后来被当作商务洽谈室和会议室。

对于前田出任麒麟饮料公司社长一事，他的妻子泰子说："他（前田）自己曾说，'这是有困难的时候就来找前田了'。"麒麟的一位前任高管，解释这句话的缘由说："之前前田先生作为经营干部任职过的美露香公司是一家家族企业，管理松懈的问题很严重。而他出任社长的麒麟饮料公司也面临着产品过于走量而赢利困难的经营问题。也就是说，前田先生负责经营的公司，都是些经营环境很恶劣的公司。或许加藤先生是因为想要锻炼前田先生的经营能力，才会把这些经营困难的企业交给他。实际上，前田先生也很完美地整顿了美露香公司，令其慢慢转变成了竞争体制。前田先生在开发完一番榨之后，曾被下放去了红酒公司。但那时他并没有自暴自弃，而是学习了很多红酒相关的知识，也正因如此，前田先生非常精通红酒。或许对前田先生来说，比起当麒麟饮料公司的社长，他更乐意当美露香公司的社长吧。"

梦一般的三得利并购计划

成为经营者之后的前田,也迎来了更广阔的舞台。在他就任麒麟饮料公司社长大约三个月后,也就是 2009 年 7 月 13 日,便发生了一起不仅让啤酒业界为之一震,甚至日本经济界都为之震惊的大事件。当天《日本经济新闻》的早报登载了一则速报,标题是"麒麟将与三得利合并"。

即便被朝日超过,麒麟仍旧是啤酒业界不可动摇的存在,而 2008 年三得利也凭借着在威士忌上的压倒性优势跻身业界第三。这样两家业界巨头将要合并一事,立刻掀起了巨大的波澜。在暗中推进并购事项的是三得利社长佐治信忠和麒麟社长加藤壹康两人。

出生于 1945 年的佐治,毕业于庆应义塾大学经济学部,和同样毕业于庆应义塾大学(商学部)的加藤是同级校友。不过,据说两人在学生时代似乎没有交集。佐治个子很高,作为著名企业三得利的接班人,在校园里很有名气。但加藤不过是一个从静冈县考到东京来的普通学生。

但加藤于 2006 年就任麒麟社长之后,两人却会定期一起吃个饭。此时距离他们大学毕业，已经过去了整整38年。不久后，佐治便向加藤提出了合并经营的方案。他描绘着合并后的蓝图道："通过合并经营，不仅能在国内确保压倒性的市场地位，也有了进军国际市场的实力。"

的确，如果将当时麒麟和三得利的销售额合在一起计算，立刻会诞生出一家排名世界第五的食品生产企业。在日本高龄少子化趋势不断严重，国内市场萎缩日益加剧的背景下，此前以日本国内市场为中心的酒类生产商必然开始考虑"合纵连横""进军海外"的对策。

即便如此，按理来说进行如此大规模的企业合并，依旧会引起公司内部的反对。不过，好在佐治与加藤，一个是三得利公司的实际所有人，一个是上班族出身但实行独断式经营的社长，两人之间又有着密切的关系，合并计划才能顺利推行。

加藤在经营中时刻都在暗地里为"同三得利的企业合并"做准备。也就是说，无论是前田就任麒麟饮料公司社长，还是与他同期的松泽就任麒麟啤酒的社长，其实都是加藤为了在同三得利合并之后的公司发展，提前下好的棋。就在上文所述的东京会馆记者见面会召开之后不久，加藤就向前田和松泽二人和盘托出了与三得利的合并计划。

在麒麟与三得利的合并计划公开七年前，即2002年5月，笔者曾采访过佐治。当时的佐治便推测日本高龄少子化导致啤酒市场萎缩，啤酒业界四大公司并存的体制一定会出现裂痕。在 2002 年 8 月出版的拙著《啤酒的 15 年战争》（日本经济新闻社出版）中，也记录了佐治的这样一条发言："三得利很有可能会在未来五年内和国内公司进行并购。并购的对象或许是麒麟啤酒。需要的资金会通过三得利的上市集齐。"虽然这句话引起了很大的反响，但其中大半都持怀疑态度，认为三得利和麒麟根本不可能并为一体。佐治的计划的确迈出了具体的一步，尽管并非五年后而是七年后，形式上也并非并购而是合并。

在《日本经济新闻》刊登了麒麟和三得利将合并的速报的那天晚上，真可谓引起一片骚乱。速报刊登后第二天，即 7 月 14 日夜里，笔者还去了加藤位于东京中央区的家中采访他。加藤也亲口承认目前正在与三得利进行合并谈判："目前正在进行谈判，希望能够在年末达成合意。"

笔者接着又马不停蹄地赶到了位于东京港区的佐治家门前。下班回到家的佐治，对着记者们非常讨巧地说："我认为能够进行合并经营的对象只有麒麟。商品开发能力等，麒麟所拥有的潜力非常有魅力。这次和麒麟的'相亲'非常顺利，我们两家之间也没有媒人，是双向恋爱。"当时佐治说的一句话"麒麟里有人才"，令笔者印象非常深刻。笔者结合着佐治对麒麟商品开发能力的认可，认为佐治这句"麒麟里有人才"中所说的人才，很有可能就指的是前田。对于1944年出生的加藤和1945年出生的佐治来说，1950年出生的前田还算是年轻人。在佐治心中，一定把前田视作了能带领合并后的麒麟与三得利走向世界的中心人物。

不仅日本，当时全世界的啤酒企业均在进行"合纵连横"。2008年7月，世界最大啤酒公司英博（总部位于比利时布鲁塞尔）斥资520亿美元（按当时的汇率约为5万亿日元）收购了美国百威啤酒的母公司安海斯·布希（总部位于美国圣路易斯）。世界啤酒巨头安海斯·布希·英博公司自此诞生（即百威英博，简称AB InBev公司，总部亦位于布鲁塞尔）。这也加快了全世界范围内啤酒公司重组合并的过程。2016年10月，世界第一啤酒公司百威英博，又收购了世界第二啤酒公司英国南非米勒（SABMiller）公司。收购价格达到了790亿英镑（按当时汇率约合1200亿美元）

尽管从经营规模来看，日本的啤酒公司在世界上并不占优势，但日本啤酒公司有独特的优势，那就是优秀的商品开发能力。即便光看啤酒产品，全世界也只有日本市场能在短时间内推出如此众多的新产品。此外，以冰结为代表的RTD市场上，也涌现了丰富多样的新产品。而那些世界啤酒公司巨头，并不具备如此强大的商品开发能力。就这一点，日本的啤酒企业在国际啤酒企业的竞争中是有胜算的。

佐治应当就是看出了这一点，才对前田抱有非常大的期待。麒麟和三得利能顺利合并，那么前田、前田带出的"弟子们"以及他们和三得利组成的合作团队，将开发出更多的啤酒或者RTD产品，这些商品或许将销往全世界的街头巷尾。前田非常擅长发挥出团队中背景各异的成员的优势，并令这些优势最终变成促进商品开发的强大助力。在日本人中，他是罕见的优秀统合者，即便自己的意见被否定也不会失态，而是始终客观地看待问题。

2010年2月8日，麒麟与三得利因合并的持股比例无法达成一致，合并谈判破裂。且因谈判破裂一事，时任麒麟控股社长的加藤也引咎辞职，主动退到了没有实权的会长一职上。接任他成为社长的是此前担任副社长的三宅占二。

非常看好前田，为其在经营团队里开拓出一席之地的加藤突然辞去职务，也给前田又带来了一道难关。麒麟与三得利合并一事，也对朝日造成了很大的冲击。在速报刊登后，当时任朝日社长的荻田伍立刻便说："如果麒麟和三得利真的合并，朝日毫无胜算，再拘泥于市场份额上的多少也毫无意义。"于是，当时以朝日的泉谷直木董事为中心，一则"麒麟、三得利合并后的公司，将把朝日从日本国内市场赶出去"的预言传播甚广。为了避免这种情况的发生，朝日几乎拼尽全力地在思考生存策略。好在合并谈判最终破裂，这则预言再无实现之日。

不过即便谈判破裂，2009年麒麟的发展也非常顺利。这一回不再是半年，麒麟在全年都超过了朝日，时隔九年再次立于市场首位。虽然得益于喉越销售红火，但主要原因还是朝日受合并消息影响，并没有全力投入市场竞争。2010年，麒麟又一次跌落到第二的位置。

2009年时任麒麟大阪分公司社长的布施孝之（2015年1月到2021年9月任麒麟啤酒社长）在2020年7月接受笔者采访时说："那时仅仅过了一年，就又被朝日从第一的位置上赶下来，主要原因还是麒麟的路线出了偏差。"布施表示，2009年麒麟推出了很多老产品的新版本，当时一番榨的销售情况非常乐观，明显应当继续加大对一番榨的投入。但总公司发出了"别光顾着一番榨，也强化一下麒麟拉格的销售"这种荒唐的指令。关于另一个原因，布施也坦言是因为麒麟将"夺回第一"当成了全部目标。麒麟一直以来都立志要"打败朝日，夺回第一"，而一旦这个目标实现，麒麟便猛然失去了所有前进的动力。

正如布施指出的，麒麟在失去前进动力后，便迅速失去了生机。虽说在2010年以后有所恢复，但市场份额依旧持续下跌，尤其是在2012年之后，下跌幅度变得越来越大。像是被这一愈演愈烈的不良趋势影响，前田的人生又迎来了一次重大转折。

告别麒麟

2012年3月，前田麒麟饮料公司社长的任期结束，与他同年加入公司的松泽，其麒麟啤酒社长的任期也到期了。公司虽然为两人准备了会长或顾问之类的职位，但最终前田和松泽一样，被赶出了麒麟。这要从2011年11月，麒麟以约3000亿日元的价格收购巴西的一家大啤酒公司一事说起。

最初，麒麟定下的收购价格是2000亿日元。但因为巴西的那家啤酒公司有一部分股东提起了诉讼，使麒麟不得不多花1000亿日元来摆平此事。因此，公司内外，对做出收购该公司决定的三宅社长是一片批判之声。

一位当年麒麟的干部介绍："三宅先生提出的战略是通过收购巴西的那家啤酒公司，令麒麟控股的事业版图顺利延伸到海外。但实际上，好好整顿和强化已显颓势的国内业务是很有必要的。因此，三宅先生打算在麒麟啤酒和麒麟饮料公司这些实业子公司和麒麟控股之间，再设立一家中间控股公司。实际上，在他的领导下麒麟的确在2012年成立了一家专门负责销售事务的子公司麒麟营销，并不断推进企业重组。"据这位干部回忆，前田非常反对三宅的做法，他曾直言："设立专门负责销售事务的子公司暂且不论，设立中间持股公司反而会让公司的架构变得更为复杂，也会给公司事业造成混乱。"

前田的确是优秀的经营者，也能胜任各种工作，即便面对比他职位更高的人，也会堂堂正正地直抒胸臆。这是优点，但也使他容易树敌。另一位麒麟干部证实，正如前田的老师桑原曾向本山谏言一样，前田也以坚定的态度直接向三宅谏言。正因前田实力过硬，才能做到这件一般员工做不到的事。

过去被称为"天皇"的本山引退之后，麒麟曾一度陷入"暗黑时代"。而在同为独裁型领袖的加藤引退之后，麒麟又一次进入了黑暗的年代。这种历史重演，亦是十分讽刺。最终，三宅的"巴西投资"以失败告终，他新设立的所谓中间持股公司最后也以解体收场。

离开了麒麟之后，前田于2014年6月成为龟田制果公司的外部董事。佐治信忠与加藤都对前田有很高的期待，认为他最终应当会成为公司领袖。但直到最后，前田仁也没能成为麒麟控股的社长。

无论是作为市场营销员还是作为企业经营者，前田出色的能力，公司内外均有目共睹。但对于成为一个大型企业的经营领袖来说，前田在某种意义上可能过于优秀了。前田往往能一眼看出正确的解决方案，所以他并不擅长对不合理之处睁一只眼闭一只眼的政治手腕儿。他向来坚持贯彻自己的信念从不动摇，但这也容易伤到上层的面子，惹祸上身。

前田有着诸多不可思议的魅力，也受很多人仰慕。尽管他是一位很严格的上司，也时常斥责下属，但很多曾在他手下工作过的员工即便到了今天，也依旧难掩对前田的敬爱之情。可这些人同样也无法否认，前田在职场很容易树敌。就拿他就任社长时拒绝使用公司专车一事来说，像前田这样不按常理出牌的人或许的确不适合成为一家大型公司的领袖。

显然，前田并非一个能从权力斗争中胜出的狠角色。他拥有的向来是更为纯粹的东西。也正因此，他才能研发出数款至今深受日本消费者喜爱的热销产品。前田并非一个执着于权力和地位的人，也并不认为升职加薪、出人头地没有意义，只是对他而言还有别的事更为重要。因此，就算此举有损前途，他依旧坚定地站出来保护自己的部下。即便卸任麒麟饮料公司的社长，前田也毫无怨言。

前田的妻子泰子回忆："比起自己，他（前田）更担心麒麟饮料公司的员工们，他总反反复复地念叨着'也不知道麒麟新派来的社长会不会好好地培养员工'之类的话。

2009年他离开美露香公司的时候，也是一样地担心员工。"

一位当时麒麟对手公司的社长级别的人亦说道："前田先生打造的几个热销产品就是麒麟的依仗。麒麟将有功之臣赶走，实在是不对。这种人事调动只怕也会伤到员工们的士气。没有了前田的麒麟，就好比失去了爪牙的老虎。"

他的发言，很不幸地成为事实。前田离开之后，麒麟便开始一路衰落。2014年麒麟的销售额如噩梦般凄惨。这一年，麒麟与业界第一的朝日之间市场份额的差距，扩大到未曾有过的5.0%（按出货量计算），麒麟陷入了一片泥沼。2009年时还曾经一度反超朝日的势头，此时已经完全无迹可寻了。雪上加霜的是，前田已经离开了麒麟，过去"有困难时就去找前田"的锦囊妙计，已然不再奏效。幸好，麒麟还留下了一些人才。

夺回第一

在业绩陷入一片泥沼之时，2015年1月，布施孝之成为麒麟啤酒的社长。此前，他是麒麟集团的销售子公司麒麟营销（该公司于2017年并入麒麟啤酒公司）的社长。销售出身的布施，比前田小10岁，同样是桑原通德的学生。按照预定，布施应当于3月就职。但止住业绩下滑趋势刻不容缓，他便在1月紧急上任，成为麒麟啤酒的新任社长。

面对危机，布施决定先从公司内部改革入手。一方面，他对公司正在销售的产品进行了挑选"存优去劣"和集中资源，使得经营更为高效；另一方面也扩大了永旺集团等公司旗下自有品牌商品的委托生产业务，试图进一步提高销售额。永旺集团委托麒麟生产的自有品牌"BARREAL"尤为重要。它的销售模式是生产商直接给零售商供货。过去加藤设想的，生产商直接与零售商交易的模式，在这款产品上得以落地。

大型货物流通公司永旺集团有着非常完善的仓库体系，

就算不经过批发商，也能够顺利实现商品流通。BARREAL过去一直委托给韩国的大型饮料企业海太公司（HAITAI）生产，从2018年6月起，永旺将该业务交给了麒麟。有了永旺的帮助，布施才能够成功落地过去加藤设想的交易方式。因为中间没有批发商，"BARREAL"的零售价格可以低至80多日元。此外，麒麟控股还从市场营销方面很有名气的宝洁公司（P&G）挖来了山形光晴当市场部部长（2022年山形已成为麒麟控股常务执行董事）。山形也开发了一款第三类啤酒的新产品"本麒麟"，并使其成功大卖。

布施进行的最大的改革，是确定前田开发的一番榨作为啤酒主打产品，并对其进行强化一事。为对抗朝日超爽啤酒而生的一番榨自1990年3月商品化之后，便成为令麒麟不能等闲视之的热销品。但对于应当把一番榨放在什么位置的问题，一直以来多有争议。对于麒麟的主打啤酒产品应该是一番榨还是拉格这一问题，麒麟内部存在分歧，常年持续着争论的拉锯战。这一问题也是麒麟衰落最主要的原因。

最先提出将"一番榨"放在主要位置，集中资源进行销售的是矶崎功典（2015年后任职麒麟控股社长）。2012年，他担任麒麟啤酒社长时，就试图给这场持续多年都没有结果的"拉格与一番榨"之争画上休止符，将啤酒的主打产品确定为"一番榨"。布施坚持矶崎的想法，并将其正式实行。

当时麒麟决定强化"一番榨"的地位也是有原因的。2016年末,日本政府与执政党共同提出了新的酒税制度改革方案。在方案中提出,要经过2017—2020年10月、2020年10月—2023年10月以及2023年10月—2026年10月的三个阶段,在未来统一啤酒类产品(啤酒、发泡酒、第三类啤酒)的税率。也就是说,日本政府将对原本酒税较少的第三类啤酒进行增税,对原本酒税较高的啤酒进行减税。因此,比起发泡酒或者第三类啤酒,加强啤酒的销售迫在眉睫。此时,显而易见应该被强化的并非拉格,而是一番榨。和之前不同,现在如果提出将一番榨的优先级摆在拉格之前,公司内部的反对意见少了很多。

于是,布施正式实施了一系列围绕着一番榨的强化方案。在心地开发之时,上司桑原给前田的任务就是"打倒麒麟拉格"。那时与市场营销员前田拼上全力对抗的,并不是以朝日为首的这些竞争对手,而是束缚住麒麟手脚的往日辉煌。那时的麒麟,与如今仍旧无法舍弃"高度发展期""泡沫经济繁荣"这些成功体验的日本社会惊人地相似。

布施实施的针对一番榨的销售强化策略,终于为前田过去的战斗画上了休止符。"总公司说的话你们用不着听,我来负责。"在布施担任大阪分公司社长时,他就常常这样和下属说。在布施的带领下，麒麟公司内部渐渐重焕生机，以一番榨为中心的一系列啤酒销售强化策略得以顺利实施。

仿佛前田还在公司带领着众人一般，麒麟公司朝着"再度超越朝日"的目标，又一次拧成了一股绳。对前田怀有无比敬爱之情的"弟子"们，也怀揣着同样的感受，活跃在各个业务第一线。在众人齐心协力之下，麒麟终于成功实现了"夺回第一"的目标。距 2009 年已然过去 11 年，2020 年上半年，麒麟终于实现了超越朝日的目标，重新夺回了市场占有率第一的"宝座"。（朝日没有公布销售量，故只能进行预测统计。此为按照其他三大啤酒公司的数据推测出的结果，准确性相对较高。）

一整年，麒麟都稳稳超过了朝日，时隔 11 年再次回到第一之位。同 2009 年的情况不同，这一次麒麟没有因为超过朝日便失去动力。在 2021 年，麒麟依旧保住了市场占有率第一的宝座。"终于，战胜朝日了！"麒麟公司为此欢呼雀跃。

2020 年 6 月 13 日，在深爱他的家人的守护下，前田因胰腺癌离开了人世，享年 70 岁。这样一位市场营销天才，离开了。29 年前的 1991 年 6 月 13 日，前田获得了麒麟啤酒的时任社长本山英世授予的"社长奖"。在 29 年后的同一天，他在众多倾慕者的惋惜与不舍中，与世长辞。

在前田离世之前，他曾和周围人说："怎么才能让产品大火，我算是已经明白了。"确实，心地、一番榨、淡丽、淡丽绿标以及冰结等麒麟的热销品的开发中几乎都有前田的身影。被誉为"市场营销大才"的前田或许真的已经掌握了"热销的公式"。

说到底，热销品不过是水中月、镜中花。依靠它们的确可以成功提高业绩，可如果被曾经的热销品束缚住了手脚，这些产品反倒会变成"负面遗产"。或许现在的日本也陷入了同样的困境。若前田还在世，恐怕对着如今的日本，一定会向全社会号召："往日的辉煌不可沉醉！我们应当舍弃过去的荣耀，努力创造新的价值！"

后　记

2022年1月就职麒麟啤酒社长的崛口英树（1985年入职）评价前田说："他是一个恪守本心、信念坚定的人。尽管他的工作需要一直紧跟流行趋势，但他从未忘记本心。对前田先生而言，他的本心就是顾客，公司则是第二位的。我们从前田先生那里受益良多，如今，我的部下也一样认为比起公司的事情，应把顾客放在第一位。"

在前田突然离世的2020年6月，崛口正担任麒麟饮料公司的社长，听闻此消息，他便向公司内部发出了悼念信息，其中写道："在市场份额被广泛当作评价事业成果的唯一指标时，前田前社长令我们明白了盈利的重要性。在推进事业结构改革的同时，他积极地推进新的价值创造。如今在健康饮料领域取得巨大成功的'午后红茶'、常驻夏季热销产品榜单的'世界的厨房海盐荔枝饮料'等产品，都是已故前田前社长在任时发售的新产品。"

前田任麒麟饮料公司社长时，一位曾在他身边工作过的员工说："在我看来，前田先生当社长的那段时间，就是麒麟饮料公司为了提高利润，坚定地进行赢利结构改革的时期。比起追求发出去的啤酒箱数更应该追求实际利润，这本来是理所当然的事情，但很多员工都把箱数摆在更重要的位置，改变这些人的想法花了很长的时间。

"还有一件令我印象尤为深刻的事，那是在2011年东日本大地震发生后，前田先生对于业界问题的处理。当时塑料瓶瓶盖的生产商受灾，无法生产瓶盖，业界也因此陷入危机。这时，前田先生作为日本清凉饮料联合会这一业界团体的会长站了出来，带领各家公司统一使用没有加印商标等图案的纯白瓶盖，令各家公司渡过危机，继续维持产品生产和销售。在危机面前，前田先生从不曾哗众取宠，而是始终冷静地思考目前能做的事情并迅速付诸行动。"

真柳亮怀念前田道："不直接教答案，而是教思考的方法，前田先生就是这样一个人。麒麟何其有幸能拥有他这样的人才，幸好他被降职的时候没有辞职。他从不装腔作势，但就是让人觉得很帅气。"

一番榨开发团队的成员舟渡知彦说前田"令人十分崇敬，很擅长带动其他人。"同为团队成员的岛田新一则感慨："前田先生曾说过的'传统不应被守护，而应被创造'这句话，到如今仍回响在我心中。"

与前田同年加入公司，后成为麒麟啤酒公司社长的松泽幸一，曾向酒类月刊杂志 TARU 投稿过题为《悼念挚友前田仁》的文章，被刊登在 2020 年 10 月的连载专栏上，其中记载："他微带着大阪腔的话语，总能让人如沐春风，令人对他颇有好感。前田是个爽朗的精英人士，实际上也是个内心强大、信念坚定的人。"

2021 年 3 月就职札幌啤酒社长的野濑裕之，和前田一样也是市场营销员出身的企业经营者。他说："我比前田先生要小一轮（1963 年生），虽然和他见过几次，但也只是点头之交。我多想能再见前田先生一面，听听他会如何评价现在的札幌啤酒。"

前田也留下了这样的遗言："光靠热销产品改变不了一个公司，因为本质问题往往藏在企业内部。企业发展不顺利，不是因为企业管理的方法有问题，而是企业没能做到把新的价值和感动提供给顾客。"

前田经历了一个啤酒行业比现在更为红火的年代，在赋予诸多热销产品生命的同时，也为广大顾客提供了新的价值。本书就是追寻着他的足迹写成的。

笔者曾在每日新闻出版社的网页媒体《经济学家周刊 Online》上，撰写自 2021 年 1 月到 2022 年 2 月的连载文章《麒麟缔造者·前田仁》。本书就是在此连载的基础上经过大幅修改和添加写就的。

这世上从来不缺歌功颂德的"谄媚文章"，但本书绝非此类。本书记录的均是过去发生过的事情，对麒麟而言有很多较为负面的描写。笔者无意批判麒麟，只是如果不将这些"阴暗面"一一描绘，也就难以有力地突显出前田这道"光"的明亮耀眼。

故在此笔者想对麒麟控股公司宣传部，以及接受采访的各位麒麟相关人士表示深深的谢意。本书或许很难为麒麟带来正面影响，但上述各位在笔者还在写连载的时候，便积极配合本书的取材工作，尤其要感谢麒麟控股宣传部的佐佐木直美执行董事，她给笔者提供了诸多帮助。

笔者也想借此机会，一表对前田先生的遗孀前田泰子女士、遗属前田亚纪女士、前田佑介先生以及前田周吾先生等人的深深谢意。他们告诉了笔者很多有关前田生前的故事，甚至爽快地为笔者提供了非常珍贵的照片和资料。

在本书的制作上，笔者也必须再次对自由编辑名古屋刚先生、总裁出版社图书编辑部的工藤隆宏先生，部长桂木荣一先生，以及《经济学家周刊 Online》的前主编金山隆一先生表示感谢。

名古屋先生和工藤先生，曾多次和笔者在新宿的咖啡店就本书相关问题进行深入讨论，笔者如今依旧记忆犹新。桂木先生和笔者相识于1994年2月，多年以来一直与笔者保持着联络，令笔者万分欣喜。金山先生则在不久前给笔者打来了新的工作电话。

世界总是变化不止,是时候给本书画上一个句号了。唯愿本书能为摒弃过去成功体验,向着创造新价值不断前行的各位读者提供助力。

2022 年 4 月

永井隆

图书在版编目（CIP）数据

前田仁传 /（日）永井隆 著；方若楠 译. —北京：东方出版社，2024.10
ISBN 978-7-5207-3793-7

Ⅰ.①前… Ⅱ.①永… ②方… Ⅲ.①前田仁—传记 Ⅳ.①K833.135.38

中国国家版本馆 CIP 数据核字（2024）第 013059 号

KIRIN WO TSUKUTTA OTOKO: Marketing no Tensai Maeda Hitoshi no Shogai by Takashi Nagai
Copyright © Takashi Nagai 2022
All rights reserved.
Original Japanese edition published by PRESIDENT Inc.

This Simplified Chinese language edition published by arrangement with PRESIDENT Inc., Tokyo in care of Tuttle-Mori Agency, Inc., Tokyo through Hanhe International (HK) Co., Ltd.

本书中文简体字版权由汉和国际（香港）有限公司代理
中文简体字版专有权属东方出版社
著作权合同登记号　图字：01-2023-4322 号

前田仁传
（QIANTIAN REN ZHUAN）

作　　者：	[日] 永井隆
译　　者：	方若楠
责任编辑：	钱慧春
责任校对：	曹楠楠
封面设计：	周伟伟
出　　版：	东方出版社
发　　行：	人民东方出版传媒有限公司
地　　址：	北京市东城区朝阳门内大街 166 号
邮　　编：	100010
印　　刷：	北京联兴盛业印刷股份有限公司
版　　次：	2024 年 10 月第 1 版
印　　次：	2024 年 10 月第 1 次印刷
开　　本：	787 毫米×1092 毫米　1/32
印　　张：	10.25
字　　数：	179 千字
书　　号：	ISBN 978-7-5207-3793-7
定　　价：	68.00 元
发行电话：	(010) 85924663　85924644　85924641

版权所有，违者必究
如有印装质量问题，我社负责调换，请拨打电话：(010) 85924602　85924603

"我的履历书"系列

《松下幸之助自传》
"日本经营之神"松下幸之助亲笔撰写,完整讲述其成长经历、创业和守业历程。本书鲜活呈现松下幸之助不同时期的生命状态,从日常点滴中探究一位伟大企业家的经营和人生智慧。

《本田宗一郎自传》
"日本经营之神"亲笔撰写唯一传记,讲述了其"化梦想为创造力",勇于抓住时代先机,追求独创的精彩人生经历。品读本田宗一郎从手艺人成长为技术专家,再到经营者的传奇故事,获得理性思考,感性处理问题的人生智慧。

《小仓昌男自传》
他是"宅急便"创始人,他改变了日本人的生活方式,同时也将大和运输培育成了顶尖企业。在书中,他记录了自己进入大和运输公司,成为经营者,带领企业拓展事业,经营企业的全过程和经营企业的心得与经验。本书既是作者自己成长为经营者的历程的记录,更是一本经过实践检验的经营经验的总结。

《大桥洋治自传》
全日空社长亲笔撰写,讲述忠于一业,坚守梦想,从普通职员成长为世界500强企业社长的心路历程,阐释职场奋斗者该有的思维方式和活法,以获得幸福人生。

《樋口武男自传》
本书由樋口武男亲笔撰写而成。本书记录了他的成长经历、进入职场的发展以及带领企业发展的历程,呈现了在经营企业的过程中,自己独特的经营理论与经验。全书洋溢着他对"职场伯乐"的感激之情和不负嘱托勇敢追梦的职场温情,阐释了职场奋斗者该有的姿态。

《土光敏夫评传》
本书是依据土光敏夫的"我的履历书"写成的传记,记录了土光敏夫的成长历程,主持重建石川岛重工、东芝和参与日本行政改革的历程,也记述了其修行僧式的日常生活。本书全景展示了一位经营者领袖的工作、生活、思想等,作者系统分析了土光敏夫的战略经营能力、经营中坚守的伦理观以及在工作现场的领导力。这些对如何成为一名优秀的经营者有着重要的启示。

《泽部肇自传》
本书是泽部肇亲笔撰写,记录了他从普通职员成长为经营者,带领公司发展的55年的历程。作者重点记录他阴差阳错入职,之后进入公司经营中枢跟随两位社长学习和工作的逸事和历练过程。读者能够从中感受到个人与公司风雨同舟、共同成长的美好。

《稻盛和夫自传》
稻盛和夫亲笔撰写的唯一传记。由曹寓刚和曹岫云共同全新翻译。全书以稻盛和夫的人生经历完整再现稻盛哲学,思维方式决定人生,京瓷阿米巴的生成路径。

(精装)　(平装)　(口袋版)